提高学生
分析力的
思维游戏

张小梅 编

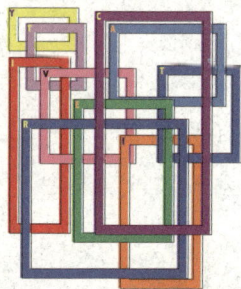
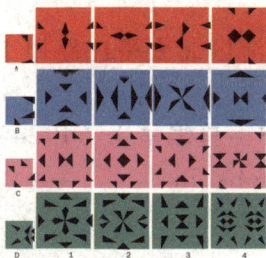

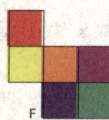
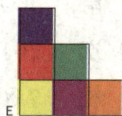

中国言实出版社

图书在版编目(CIP)数据

提高学生分析力的思维游戏 / 张小梅编.
—北京:中国言实出版社，2012.4
ISBN 978-7-80250-884-2

Ⅰ.①提…

Ⅱ.①张…

Ⅲ.①智力游戏—青年读物②智力游戏—少年读物

Ⅳ.①G898.2

中国版本图书馆CIP数据核字(2012)第059991号

策划编辑　周汉飞

出版发行　　中国言实出版社
地　　址：北京市朝阳区北苑路 180 号加利大厦 5 号楼 105 室
邮　　编：100101
编辑部：北京市海淀区北太平庄路甲 1 号
邮　　编：100088
电　　话：64924853（总编室） 64924716（发行部）
网　　址：www.zgyscbs.cn
E-mail：zgyscbs@263.net

经　　销　　新华书店
印　　刷　　北京龙跃印务有限公司
版　　次　　2012年4月第1版　 2016 年 10 月第 2 次印刷
规　　格　　710毫米×960毫米　 1/16　　 10印张
字　　数　　120千字
定　　价　　39.80 元　　　 ISBN 978-7-80250-884-2

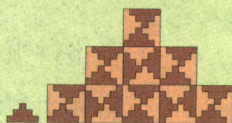

前 言
Preface

　　思维游戏引人入胜，充满趣味，在活跃大脑的同时，带给游戏者一种全新的、前所未有的新奇和快感。

　　比起那些纯粹为了娱乐的游戏，思维游戏更侧重于在游戏的同时，让游戏者的思维得到更好的锻炼，激发好奇心，提高创造力、思考力、推理力、想象力、观察力、记忆力、分析力、逻辑力、判断力等各方面的能力。

　　分析力是成功人士必备的一种思维能力，是人最重要和最有价值的能力之一，是探索未知领域、走向成功的关键因素。这本《提高学生分析力的思维游戏》从提高分析力的角度出发，对每一类游戏都进行了精心的选择和设计，每个游戏都极具代表性和独创性，内容丰富，难易有度，形式活泼。其中包括芝诺的悖论、蚂蚁队列、人形拼图、多格拼板、地图上色、欧贝恩的六个三角形、金字塔迷宫和卡罗尔的迷宫等。在游戏的过程中，你需要综合运用各种分析方法，多角度、多层次、多方向地思考问题；需要开阔思路，打破思维定式，以最简捷、最有效的方法去分析和解决问题；需要不断发现问题、提出问题，透过现象挖掘出本质，通过细节总揽全局，通过部分掌握整体，找出问题的有效解决方法。

　　本书中选取的思维游戏可以激活你沉睡的分析力，帮助你学会横纵分析法、辐射分析法、直觉分析法、回溯分析法、简化分析法、列举分析法、预测分析法、数理分析法、逻辑分析法、推理分析法等，让你在游戏中不断提升自我，拥有非凡的分析力，迅速走向成功。

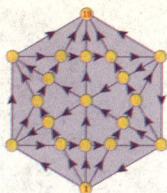

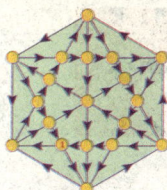

目　录
Contents

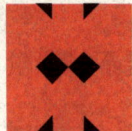

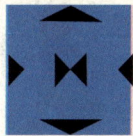

❋ 芝诺悖论

芝诺悖论是古希腊数学家芝诺提出的一系列关于运动的不可分性的哲学悖论。这些悖论由于被记录在亚里士多德的《物理学》一书中而为后人所知。其中最著名的2个悖论是："阿基里斯和乌龟赛跑"和"飞矢不动"。"飞矢不动"是芝诺提出的一系列关于运动的不可分性的哲学悖论中的一个。芝诺提出，由于箭在其飞行过程中的任何瞬间都有一个暂时的位置，所以它在这个位置上和不动没有什么区别。中国古代的惠施也提出过"飞鸟之景，未尝动也"的类似说法。

001 芝诺的悖论

著名数学家芝诺出生于公元前490年的意大利，他创造了40多种悖论来支持他的老师——哲学家巴门尼德。巴门尼德相信一元论，认为现实是不会改变的，改变（运动）是不可能的。芝诺所创造的悖论在他同时代似乎都没有得到解决。

芝诺的悖论里面最有名的要数"阿基里斯和乌龟赛跑"。在这个比赛中，阿基里斯让乌龟先跑一段距离。芝诺是这样说的：

当阿基里斯跑到乌龟的起点（A点）时，乌龟已经跑到了B点。现在阿基里斯必须要跑到B点来追赶乌龟，但是同时乌龟又跑到了C点，依此类推。

❝ 只有两种东西是无限的：宇宙和人类的愚蠢。而对于前者我还不能肯定。 ❞

——阿尔伯特·爱因斯坦

阿基里斯的起点

　　芝诺的结论是阿基里斯需要用无限的时间来追赶乌龟。阿基里斯与乌龟的距离越来越近，但是他永远都不可能赶上乌龟；他跑过的路程可以被划分成无数段。当你要移动一段距离，你必须首先移动到这段距离的1/2处；而当你要移动到它的1/2处，你必须首先移动到它的1/4处，以此无限地分下去。

　　我们当然知道人是能够超越乌龟的，那么芝诺的悖论中哪一点错了呢？

A   B   C

乌龟的起点

002 有钉子的心

    如图所示，大的心形图案上有很多钉子（在图中用黑色的圆点表示）。在下面的 3 个小的心形图案上各有一些小孔（在图中用白色的圆点表示）。现在请你将这 3 个小的心形图案覆盖到中间的大的心形图案上，尽量让这些小孔能够覆盖最多的钉子。

    提示：可以将 3 个小的心形图案旋转之后再覆盖上去。

003 **白色的小熊**

　　看这只小熊一会儿，然后移开视线，努力让自己不再去想它。

　　你可以控制多久不去想这只小熊？换句话说，你能够控制自己的思维多久？

> **数**学中的一些经典定理具有这样的特性：它们极易从事实中归纳出来，但证明起来却难上加难。
>
> ——高斯

004　平方根

有2条线段，一条长度为a，另外一条长度为1。

现在请你画出一条直线x，使x的长度等于a的平方根。

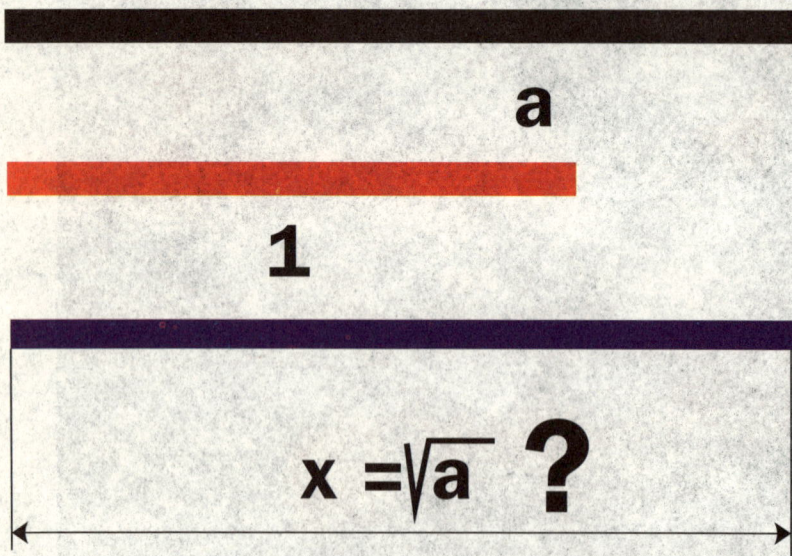

005 **蚂蚁队列**

　　纽约大学的计算机专家丹尼斯·E.莎莎定义了一种"令人惊讶的"符号序列：对于每一对"符号"X和Y，以及每一个距离D，最多只有一对X比Y领先D的距离。

　　在我们这道题中，"符号"就是背着彩蛋的蚂蚁。你能说出上面这6个队列哪些是"令人惊讶的"，哪些不是吗？

006 人形拼图

制作16个如图所示的人形拼图，试着将它们全部放进游戏板中，要求各块之间不能重叠。

给你一点小提示吧：图中的"举重者"举着所有其他块的人形拼图。

举重者

人形拼图游戏

　　玩家轮流将一块人形拼图放进游戏板，直到不能再放进为止，最先不能放进任何人形拼图的玩家为输家。

008 数一数(1)

请你数出下图中有多少个点，你需要多少时间？

你能在 30 秒之内完成这个任务吗？

数一数(2)

请你以最快的速度数出图中有多少个点?

多格拼板是多米诺拼板的继承和发展。

前3个多格拼板

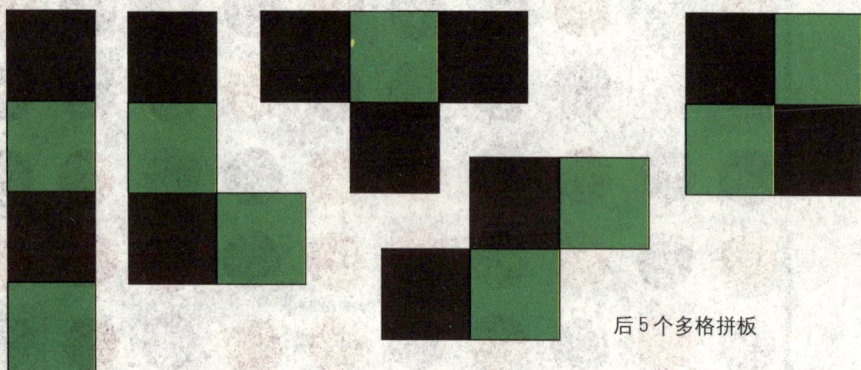

后5个多格拼板

010 8个多格拼板(1)

如上图所示，有8个多格拼板，其中有1个多米诺拼板（由2个大小相同的正方形组成）、2个三格拼板和5个四格拼板。

这后5个四格拼板的总面积为20个单位面积。请问你能将它们正好放进右边 4×5的长方形中吗？

4×5长方形

8 个多格拼板(2)

8个多格拼板的总面积为28个单位面积。请问你能将它们正好放进这个 4 × 7 的长方形中吗？

4 × 7 长方形

✿ 多格拼板和多形组巧板

多米诺拼板，这个流行了数个世纪的游戏，是由 2 个大小相同的正方形沿着同一条边组合而成的。2 个大小相同的正方形只能以一种方式组合。

基于娱乐及其他方面的目的，数学家们在多米诺图形的基础上又增加了更多的正方形，由此就得到了三格拼板、四格拼板、五格拼板等，这些统称为多格拼板。

第一个多格拼板问题出现于1907年，但是最终使它成为一种数学娱乐和教育手段的，则要归功于所罗门·格洛比博士，他发明了相关的游戏，这些游戏继而由马丁·加德纳介绍给了广大的读者。

当我们将创造多格拼板的规律推广到除正方形以外的其他图形时，我们就得到了多形组巧板。

很多思维游戏都包括多形组巧板和多格拼板，尤其是五格拼板。著名的电脑游戏"俄罗斯方块"运用的就是四格拼板。

A

B

C

D

E

F

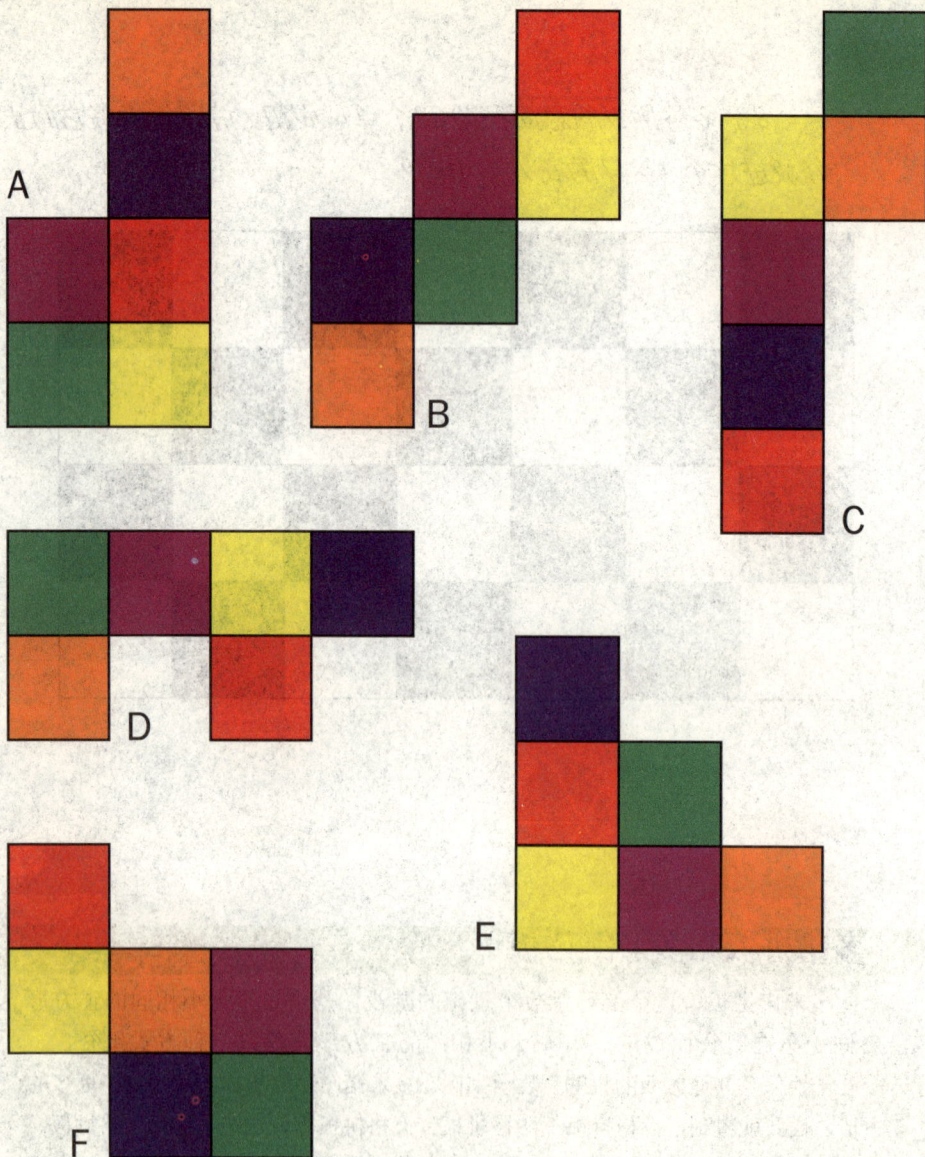

012 多形组拉丁拼板(1)

　　试着将上面这6个拼板重新组合成一个大正方形,使这个
正方形每一行和每一列的6个小正方形颜色都不同。这个大正
方形叫做拉丁正方形。

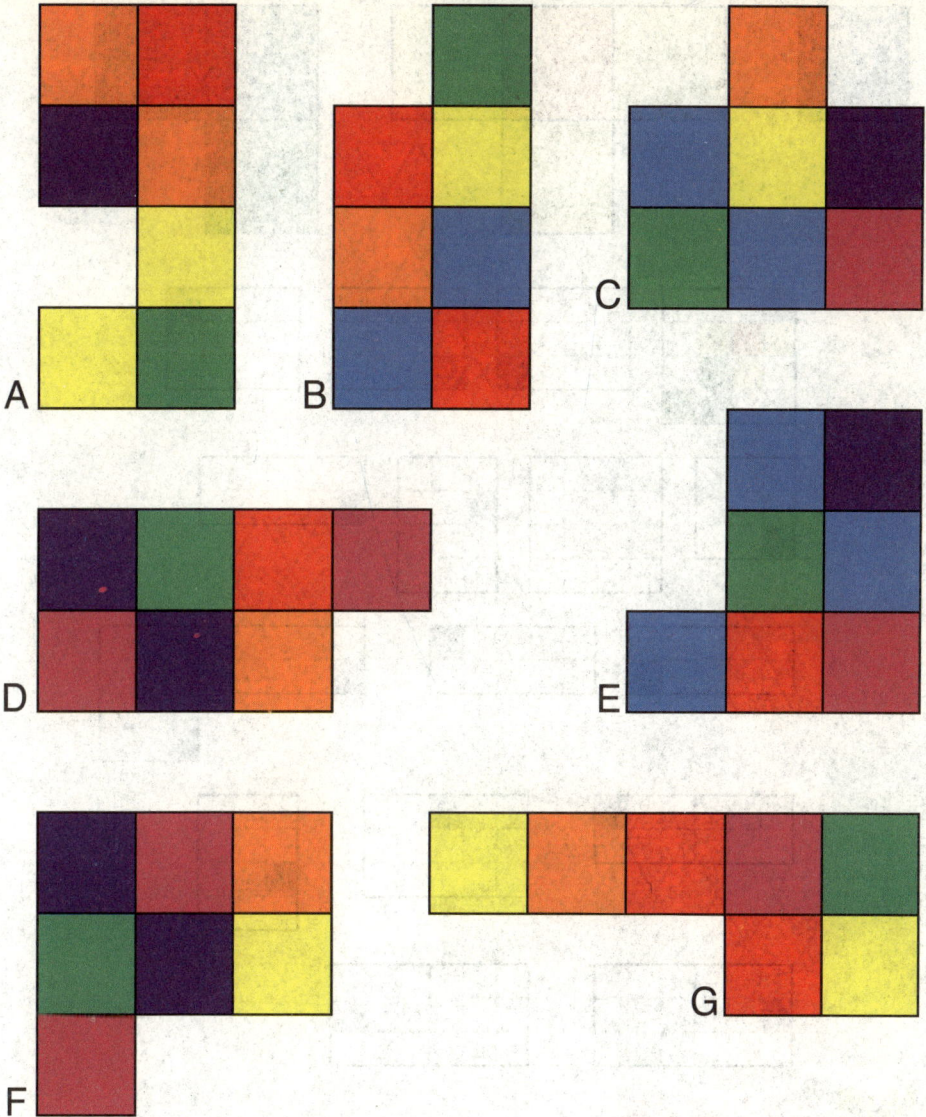

A
B
C
D
E
F
G

013 多形组拉丁拼板(2)

　　试着将上面这7个拼板重新组合成一个大正方形,使这个正方形每一行和每一列的7个小正方形颜色都不同。

对称线

014　多格拼板对称

　　将上面的单格拼板、T形的四格拼板和L形的三格拼板拼成一个对称的图形，见上面的例子。

　　拼出的图形既可以是轴对称图形也可以是中心对称图形，用这3个拼板你能拼出多少个对称图形？　一共可以拼出17个对称图形，是不是超出了你的想象？在另外的16个图形中，我们已经给出了单格拼板的摆放位置，你能否将这些图形补充完整？注意：拼板格的颜色不用对称。

多格拼板矩形

　　大卫·克拉纳对多格拼板的序号是这样定义的：最少用几个这样的多格拼板可以组成一个矩形，这个个数就是该多格拼板的序号。允许旋转拼板。

　　根据上面的定义，序号为1的多格拼板本身就是一个矩形。

　　你能否找出下面4个多格拼板的序号？

A

B

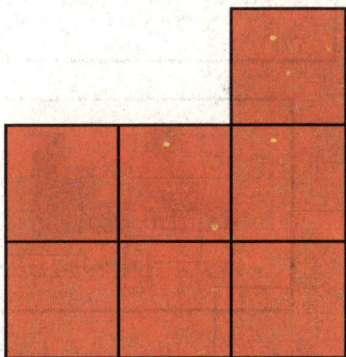

C

D

步步为赢这个题目需要用到1个单格拼板、1个两格拼板和1个直的三格拼板，它还可以作为一个双人游戏。将这些拼板组合起来看上去简单，但实际上却需要费一番脑筋。

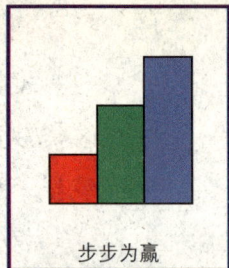
步步为赢

016 步步为赢

将1个单格拼板、1个两格拼板和1个直的三格拼板（如右图所示）按照下面的条件组合起来，一共有多少种组合方法？

1. 这3个拼板必须是竖直的；

2. 短一些的拼板不能超过长一些的拼板的边缘（见右边的例子）；

3. 图形的镜像被认为是不同的方法；

4. 这3个拼板必须沿着拼板格排列；

5. 这3个拼板必须紧密相连。

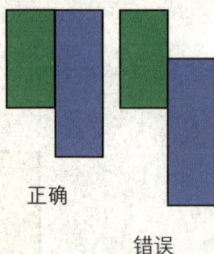
正确
错误

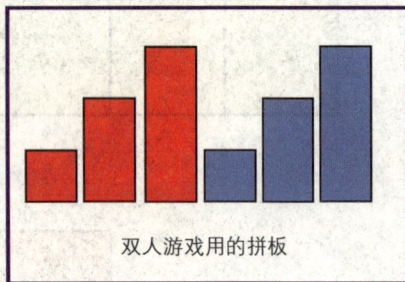
双人游戏用的拼板

017 步步为赢游戏

游戏双方每人选择1种颜色的1套拼板，1套拼板由1个单格拼板、1个两格拼板和1个直的三格拼板组成。

游戏者将他们的拼板按照单格拼板、两格拼板、三格拼板的顺序轮流放到4×4的游戏板上。当所有的拼板都放上去以后，再开始移动拼板，移动的顺序同上。

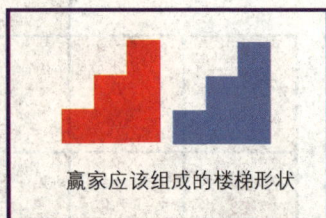
赢家应该组成的楼梯形状

最先把自己的3个拼板组成楼梯形状（见右下角）的一方获胜。楼梯形状可以是任意方向。

每个游戏者每次只能移动一个拼板，拼板只能在游戏板的空白处移动，不能覆盖其他拼板，不能让对方无路可走。

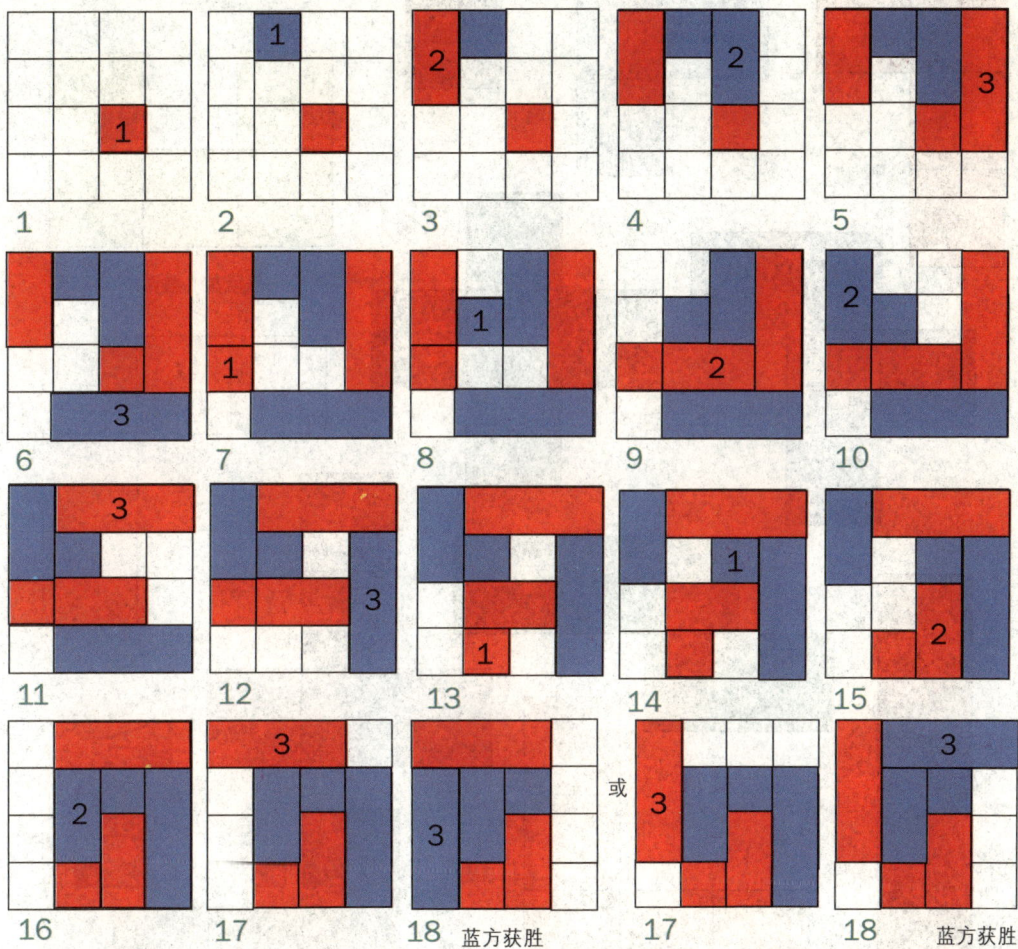

| 1 | 2 | 3 | 4 | 5 |

| 6 | 7 | 8 | 9 | 10 |

| 11 | 12 | 13 | 14 | 15 |

| 16 | 17 | 18 蓝方获胜 | 或 17 | 18 蓝方获胜 |

上面的这盘示范游戏在走了18步之后蓝方获胜

19

018 **12个五格拼板**

上面是12个五格拼板，你能否将它们正好放进下页的表格中，只留下中间4个黑色的格子？允许旋转拼板。

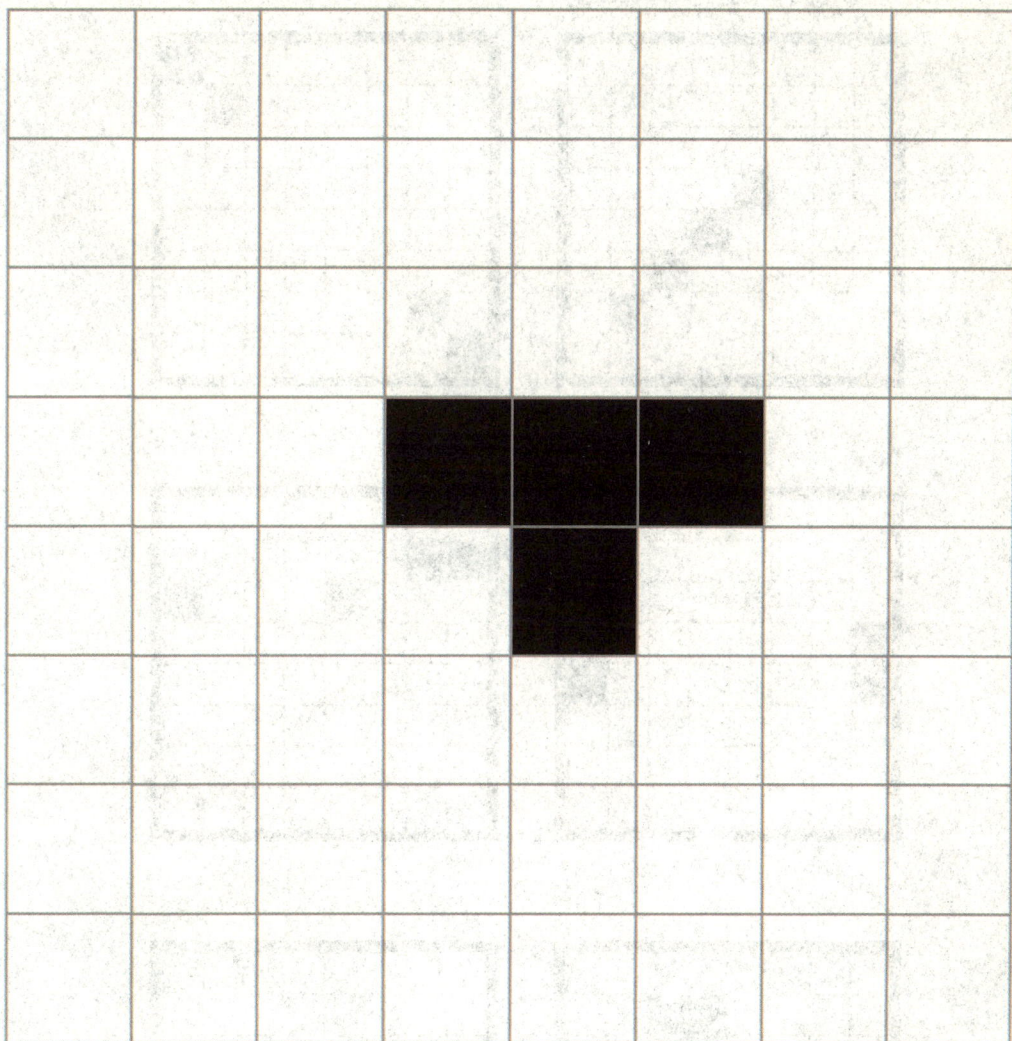

019 五格拼板游戏

你能否将12个五格拼板放进这6个表格中，只留下黑色格子的部分？允许旋转拼板。

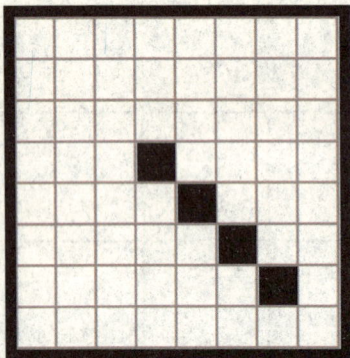

1

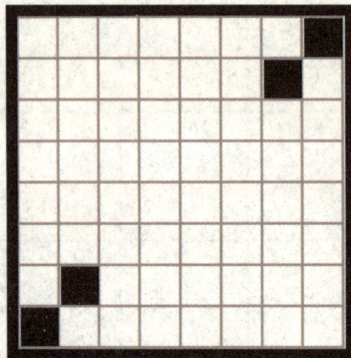

2

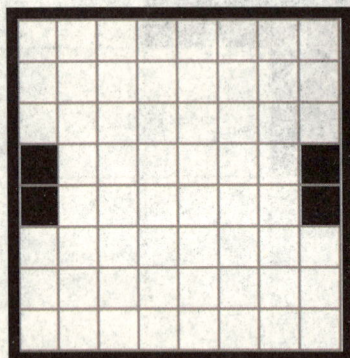

3

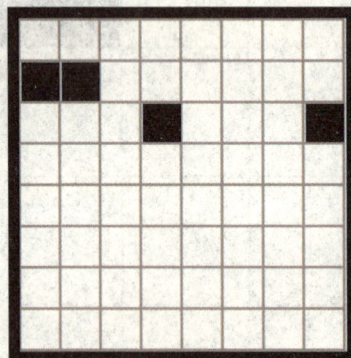

4

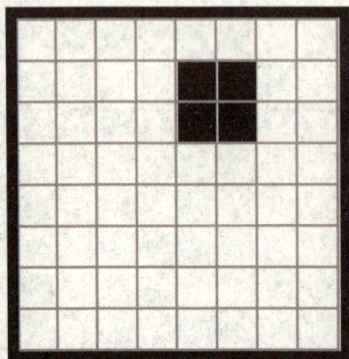

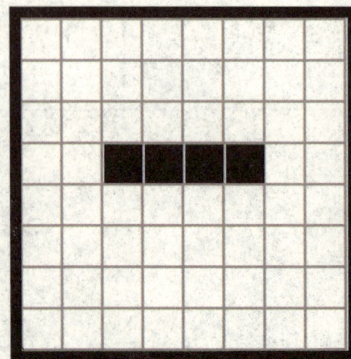

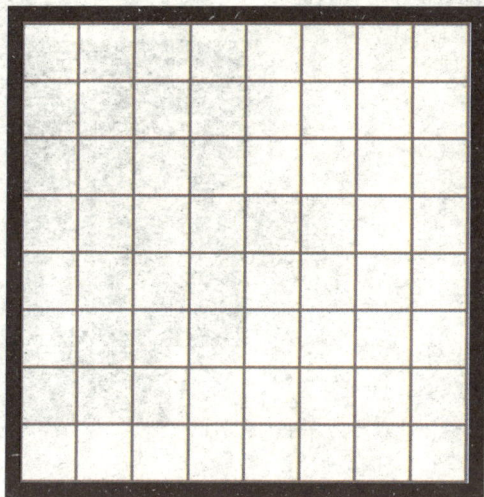

020 最少的五格拼板

在一个 8×8 的表格中，最少放人多少个五格拼板之后，就不能再放人其他的五格拼板了？

021 **五格拼板的 1/3**

你能在上面 4 个图形里面分别画上 3 个五格拼板吗？

12 个五格拼板中每个只能使用 1 次。

五格拼板的3倍

这是一个十分引人入胜的五格拼板游戏。

给出1个五格拼板，然后要求你用剩余11块中的9块拼成一个高和宽都为给定五格拼板的3倍的图形。

12个五格拼板都可以用于玩这个游戏，你能画出正确答案吗?

023 五格拼板围栏(1)

当12个五格拼板拼成一个矩形的轮廓时，在它们的内部能够围成的一个最大的矩形如下图所示。

你能把这12个五格拼板的位置画出来吗？

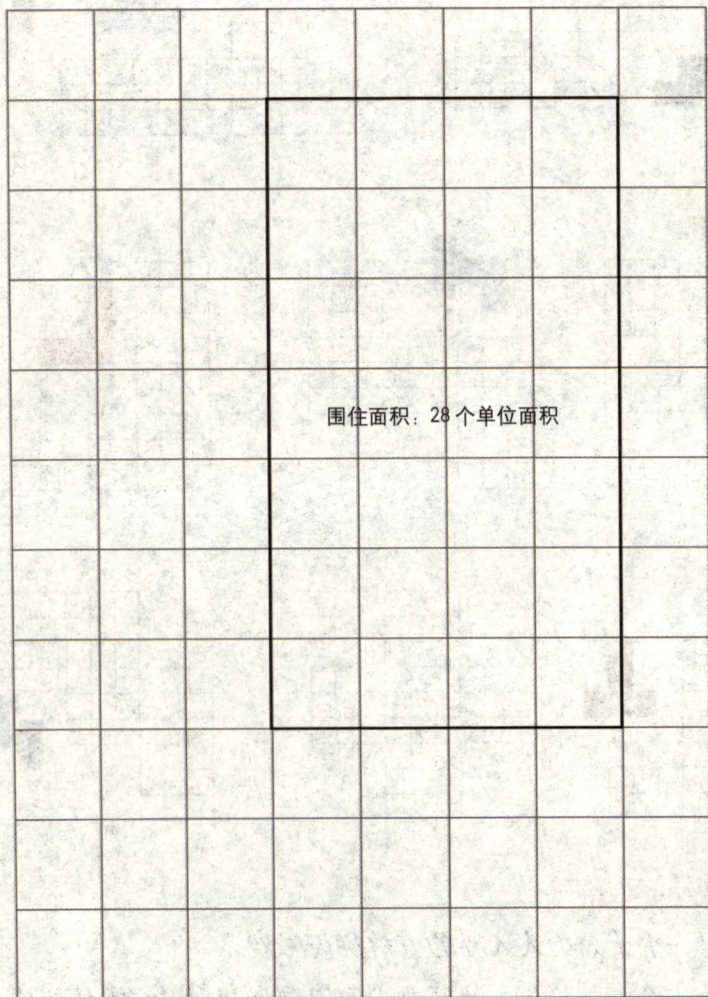

围住面积：28 个单位面积

五格拼板围栏(2)

在 12 个五格拼板的内部能够围出一个 9 × 10 的矩形, 其面积为 90 个单位面积。

你能把这 12 个五格拼板的位置画出来吗?

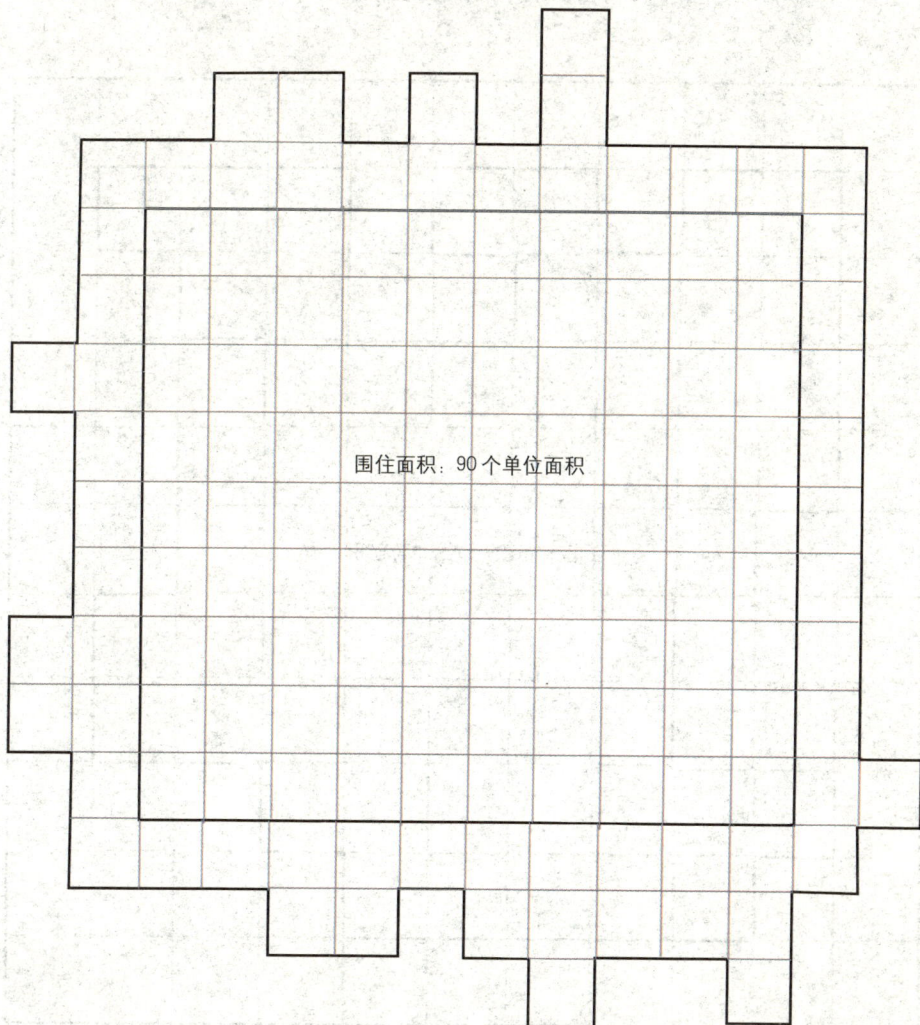

围住面积: 90 个单位面积

025 五格拼板围栏(3)

当12个五格拼板拼成一个矩形的轮廓时，在它们的内部能够围出的一个最大面积，如下图所示。这12个五格拼板能够拼成 11 × 11 的矩形，围出的图形面积大小为61个单位面积。

你能把这12个五格拼板的位置画出来吗？

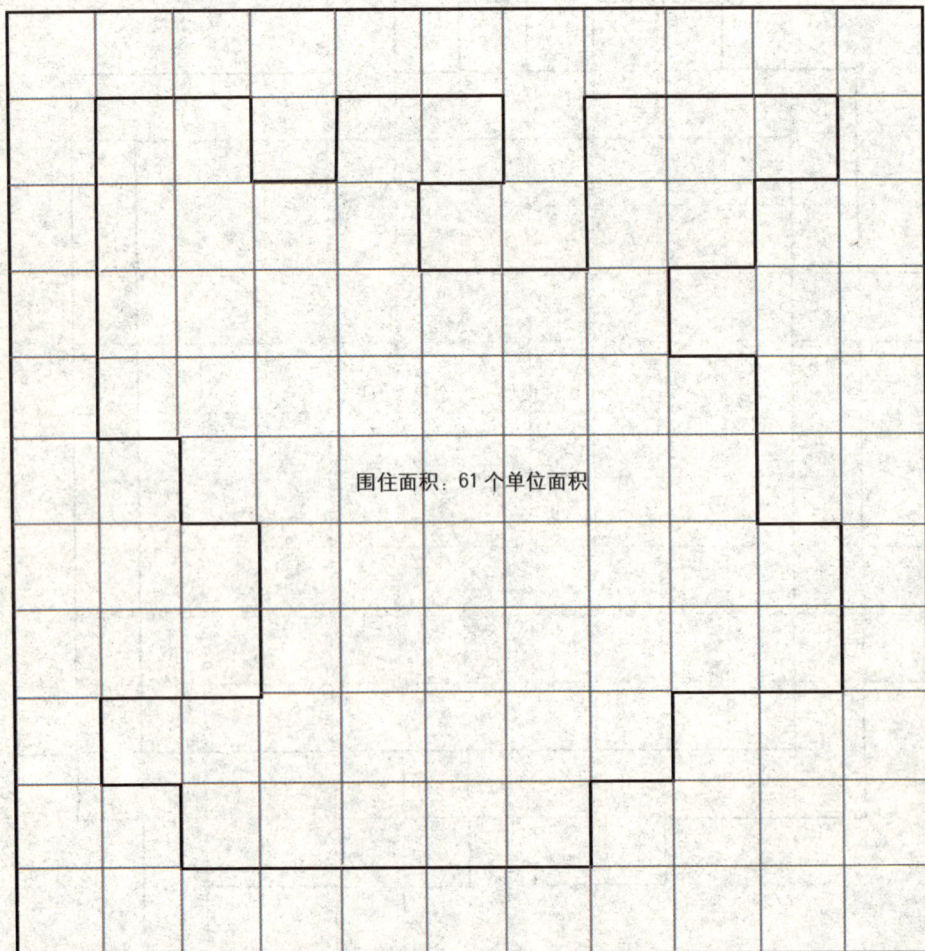

围住面积：61 个单位面积

五格拼板围栏(4)

在 12 个五格拼板内部能够围出的最大图形面积为 127 个单位面积。

你能把这 12 个五格拼板的位置分别画出来吗？

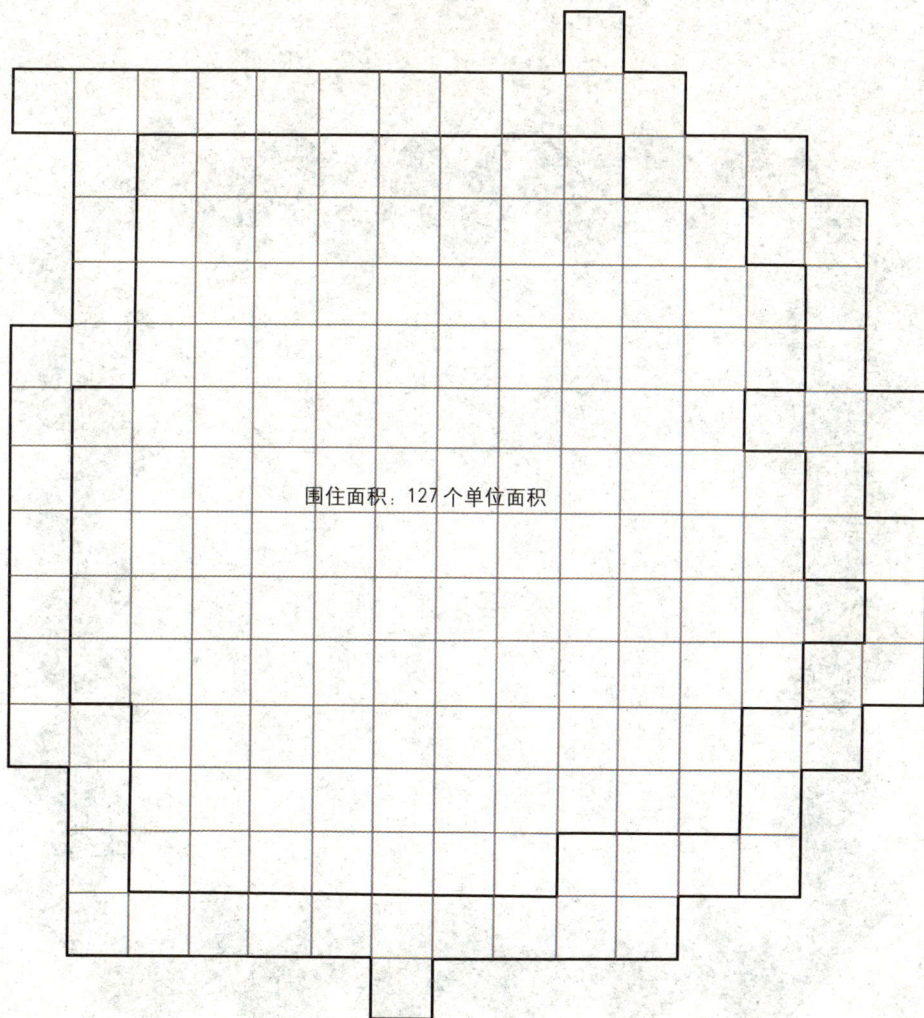

围住面积：127 个单位面积

027 锯齿状的五格拼板(1)

本页和下页上分别有一个锯齿状的游戏板,你能否将12个五格拼板全部放进该游戏板里面去(每个游戏板上最后会留有一个空格)?

你已经学到的五格拼板的知识可以帮助你完成下面的多格拼板拼图游戏。

029 **六格拼板**

六格拼板是包含6个格子的多格拼板。

六格拼板一共有35个，它们可以覆盖一个15×15的正方形，中间留下一个3×5的矩形。

你能将上面所给出的12个六格拼板填入下页的拼图中，将拼图补充完整吗？

图1

030 多格六边形(1)

将几个正六边形组合起来有很多种方法。上图画出了从单格到四格的正六边形组合。

将2个正六边形组合起来只有1种方法(二格六边形)。

将3个正六边形组合起来有3种方法(三格六边形)。

将4个正六边形组合起来有7种方法(四格六边形)。

请你将这些多格六边形放进图1的游戏板中,每次只允许剩下3个没有用到。

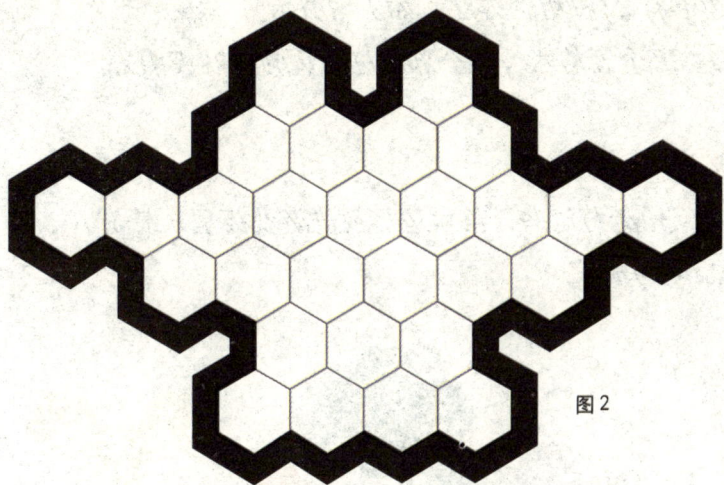

图2

031 多格六边形(2)

条件同030题，请你将上页的多格六边形放进图2的游戏板中，每次只允许剩下3个没有用到。

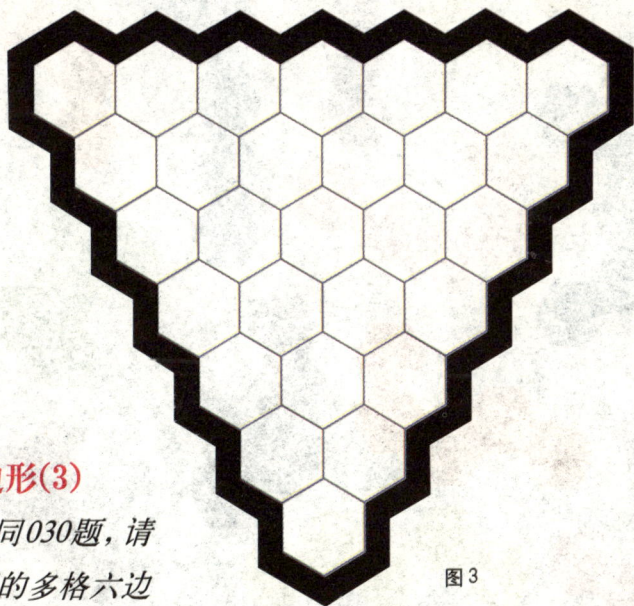

图3

032 多格六边形(3)

条件同030题，请你将上页的多格六边形放进图3的游戏板中，每次只允许剩下3个没有用到。

033　五格六边形(1)

5格正六边形有22种组合方法，如下图所示。

你能否将这22个五格六边形全部放进下页的游戏板中去？

034　五格六边形(2)

2个玩家可以轮流将这些五格六边形放进游戏板里，最先不能放进去的玩家即为输家。

五格六边形游戏板

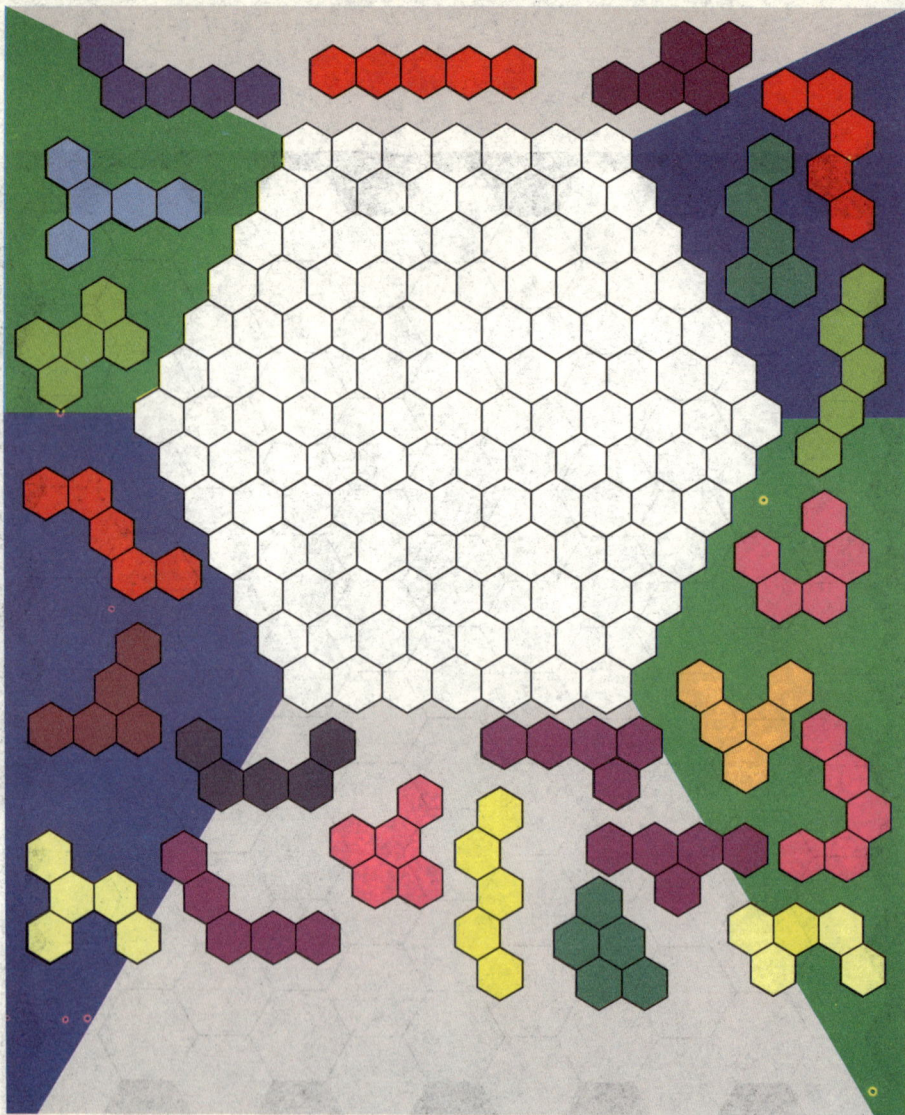

035 **五格六边形(3)**

    2个玩家将22个五格六边形轮流放到一个六边形的游戏板上面——这个游戏是根据皮埃特·海因的著名的Hex游戏设计的。

    2个玩家轮流在游戏板上放一个五格六边形，游戏目标是要用这些五格六边形将游戏板上颜色相同的2个区域连接起来。比如，把2个绿色或者2个蓝色区域连接起来。最先完成的玩家获胜。

五格六边形(4)

一共有22个五格六边形，其中的一部分组成了上面的图形。
你能说出右边的4个五格六边形中哪些在上面的图形中没有
用到吗？

037 五格六边形游戏(1)

你能否用22个五格六边形填满图1?

图1

图2

038 五格六边形游戏(2)

你能否使用不同的方法，用22个五格六边形将图2填满?

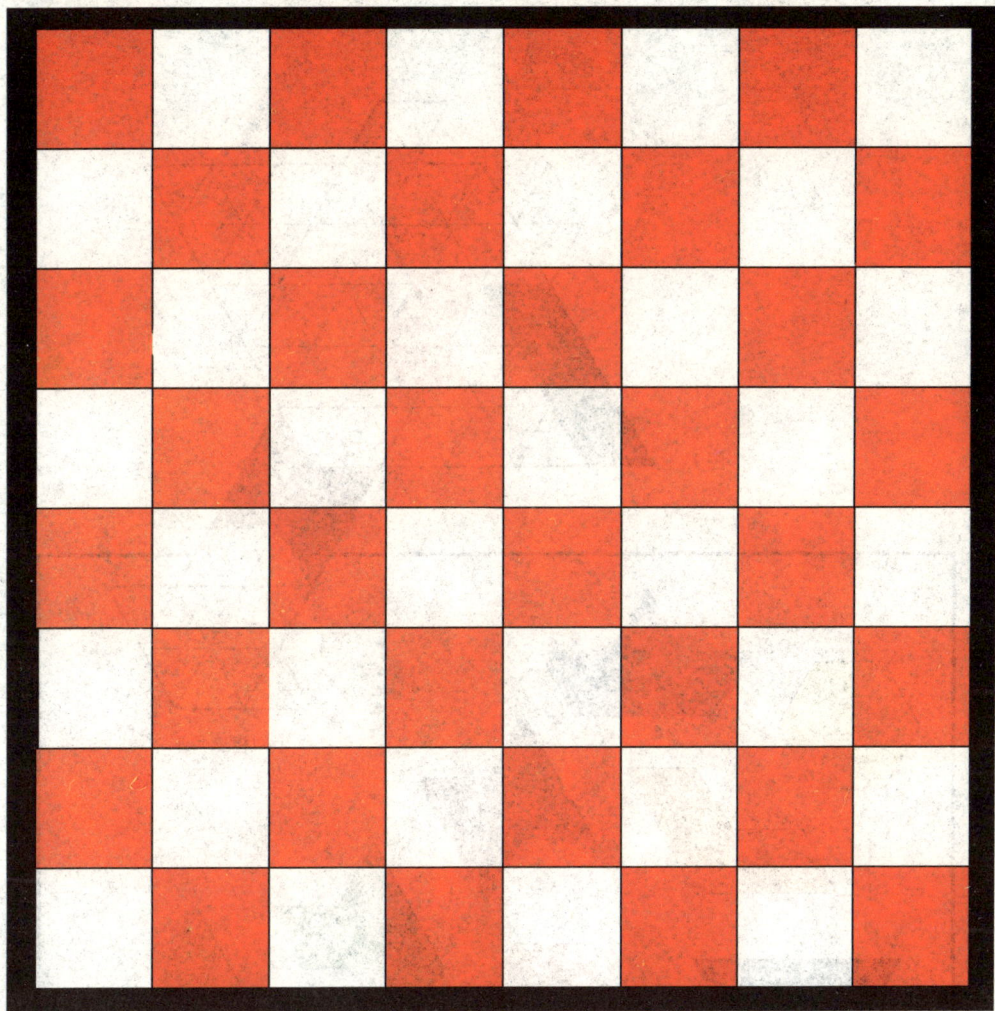

039 **棋盘正方形**

在一个象棋棋盘上一共有多少个正方形? 你可能会想当然地说是 64 个。不要忘了,除了小的棋盘格以外,还有比它大的正方形。

你能说出这个棋盘上正方形的总数吗?

你能找到一种计算大正方形(边长包含 n 个单位正方形)里所含的所有正方形的个数的公式吗?

下面让我们把视线从正方形和六边形转移到三角形上面来。六格三角形是由6个大小相同的等边三角形组合而成的多格拼板。

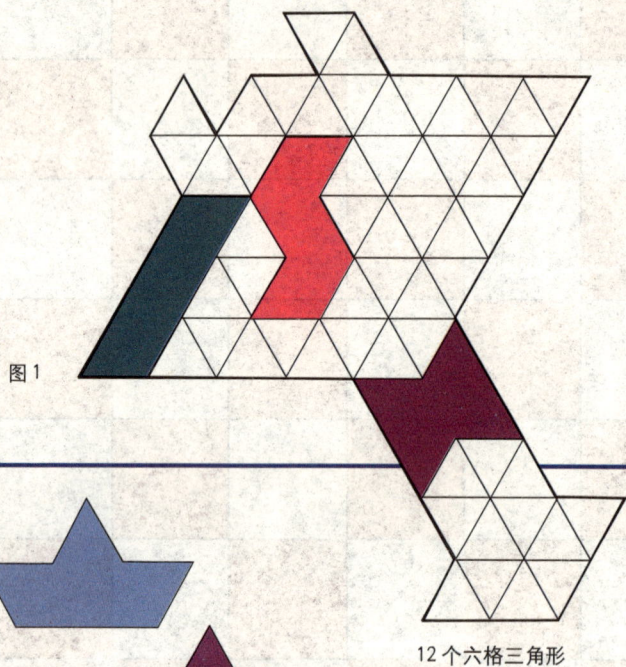

图1

12个六格三角形

42

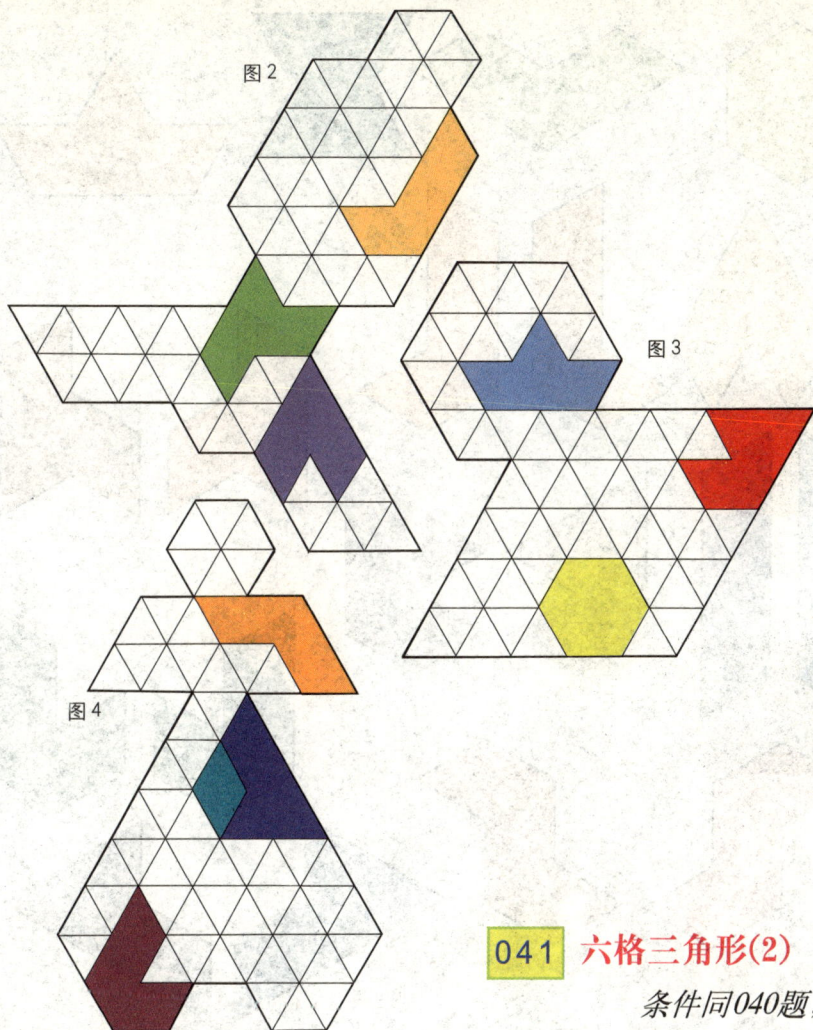

图2

图3

图4

041 六格三角形(2)

条件同040题，请完成图2。

040 六格三角形(1)

与五格拼板一样，六格三角形也有12个(图形的镜像不计算在内)。

图1中已经放入了3个六格三角形，你的任务就是将剩下的9个六格三角形放进去，将图补充完整（可以旋转六格三角形）。

042 六格三角形(3)

条件同040题，请完成图3。

043 六格三角形(4)

条件同040题，请完成图4。

044 **欧贝恩的六格三角形**

1959 年，托马斯·欧贝恩注意到，在 12 个六格三角形中，有 5 个是对称的，有 7 个是不对称的。

如果我们将不对称的 7 个六格三角形的镜像也算上（如上图所示），一共就是 19 个六格三角形。它们与一个 3 × 3 的正六边形游戏板的总面积正好相等。因此，欧贝恩提出了下面的问题：

19 个六格正方形能否正好放进这个游戏板中呢？欧贝恩自己花了几个月才找出一种解决方法，你可以吗？

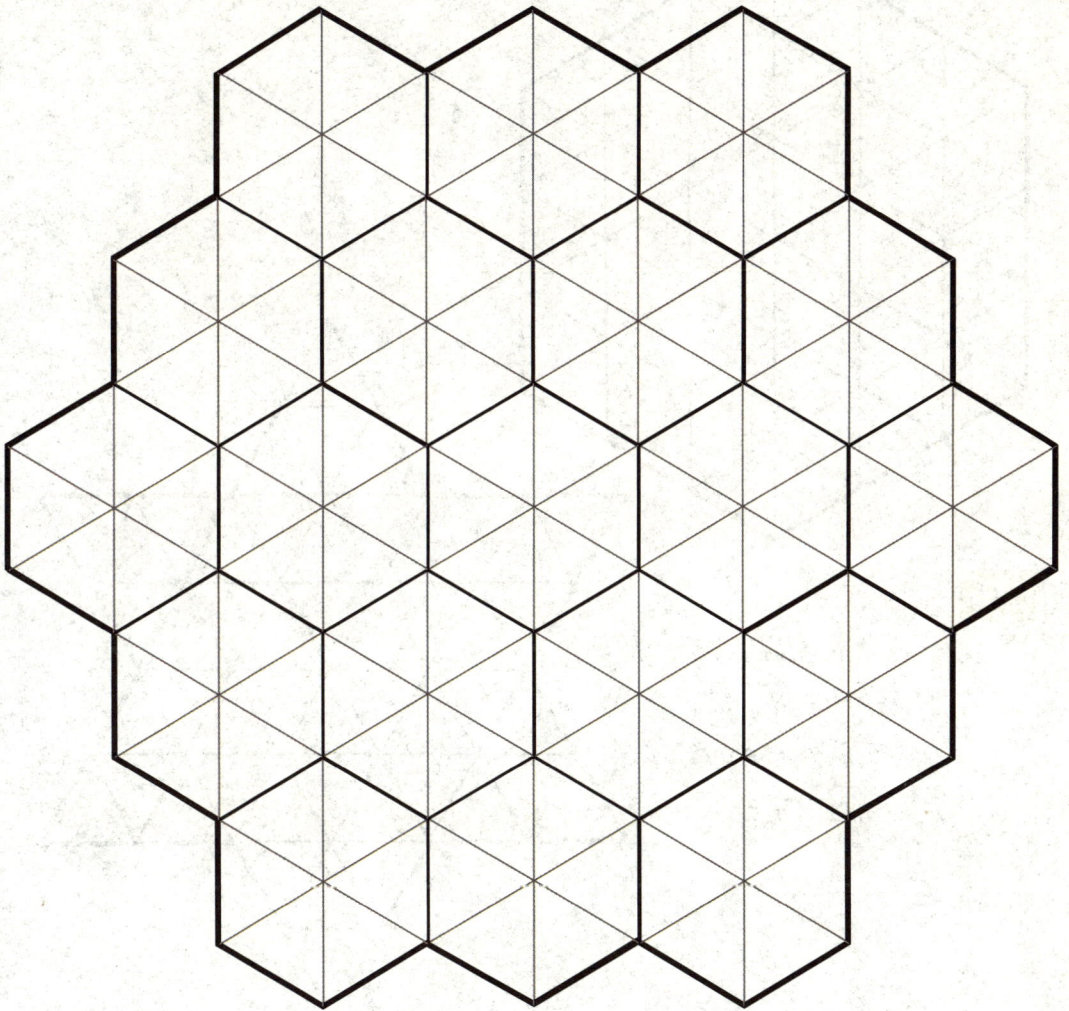

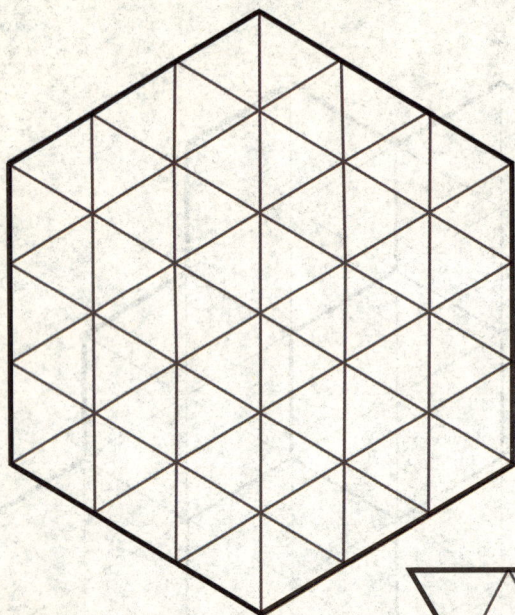

045 **六边形**

你能否用 12 个六格三角形中的 8 个把这个六边形填满？必要的话可以旋转六格三角形。

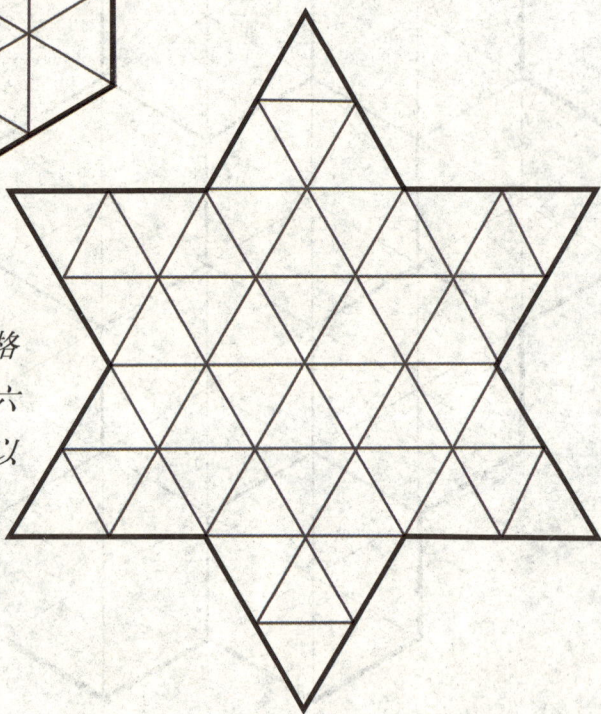

046 **六角星**

你能否用 12 个六格三角形中的 8 个把这个六角星填满？必要的话可以旋转六格三角形。

七格三角形

　　七格三角形是由7个全等三角形组合而成的，一共有24个。

　　托马斯·欧贝恩提出了一个问题:这24个七格三角形中有多少个可以用来铺地板（也就是说，无数个这一图形可以无限地铺下去，每2块之间都不留缝隙）。格里高利主教证明了只有1个不可以。

　　你能把这1个找出来吗?

托马斯·欧贝恩还创造了一组图形,这次所用到的基本图形是等腰直角三角形。

048 四格等腰三角形

请你用没有对称轴的 8 个四格等腰三角形和它们的镜像(加起来一共 16 个)来填满下面的正方形。

❋ 多格等腰三角形

除了等边图形以外,我们还可以组合不等边的图形。多格等腰三角形就是将等腰直角三角形沿着它的直角边或者斜边组合起来得到的。

两格等腰三角形有 3 个,三格的有 4 个,四格的有 14 个。

它们是由托马斯·欧贝恩于 1961 年首先提出的。

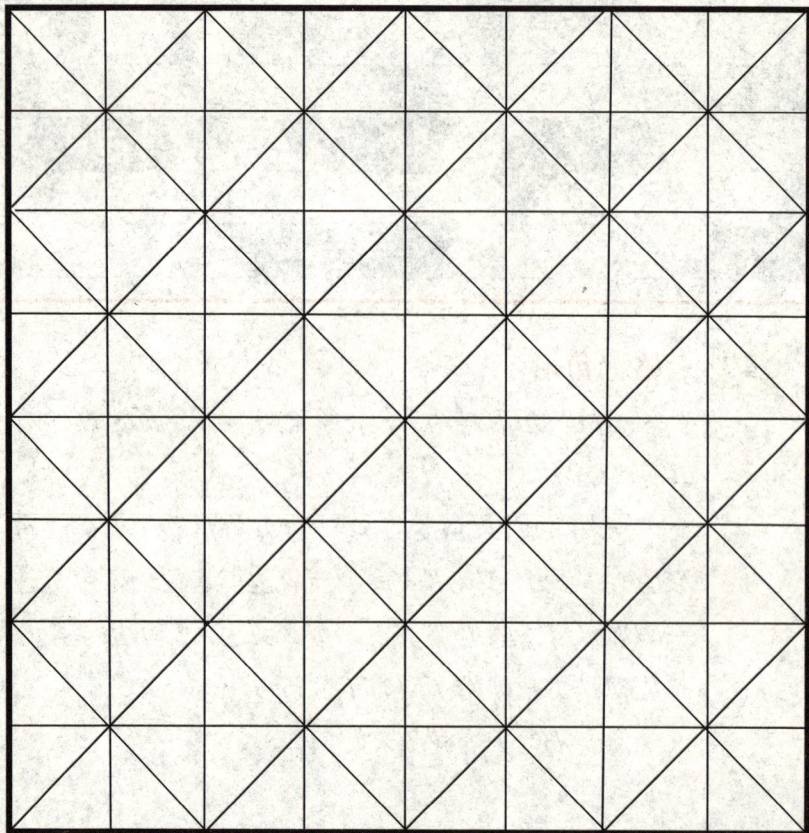

多格等腰三角形: 3个两格等腰三角形、4个
三格等腰三角形和14个四格等腰三角形

049 渔网

你能将外面的18条"鱼"全部放进中间的"渔网"中吗?

你知道吗，有一些图形具有这样的特征：将一定数量的全等的图形以某种特定的方式组合，能够拼成大一些的原图形。同样，这种图形经过特定的分割，也可以分割成一定数量的比它小一些的原图形。具有这种特性的多边形我们称之为reptile。

所罗门·格洛比博士给它们命名，并且通过研究这种图形创立了多边形复制理论。

050 **纪念碑**

上面的纪念碑是由一定数量的同一种图形构成的，如图所示。请你说出这个纪念碑一共是由多少个同样的小图形组成的？

有时候，外部的事物并不是你所看到的那个样子。大脑有时也会欺骗眼睛，使我们产生错觉。

051 **平行线**

佐勒错觉是一个经典的视错觉游戏，它是由心理学家约翰·佐勒（1834～1882）发明的。在这个视错觉中，所有的平行线上都加上了许多与平行线呈锐角（10°～30°）的短平行线，因此使这些平行线看上去似乎不平行了。

如上图所示，我们的这道题与佐勒的原题有一点小小的区别。上面有些线是平行的，有些不是。你能够区分它们吗？

052 书虫

　　上面的这只书虫要吃如图所示的6本书。它从第1本书的封面一直吃到第6本书的封底。这只书虫一共爬过了多远的距离？

　　注意：每本书的厚度是6厘米，包括封面和封底。其中封面和封底各为0.5厘米。

地图上色是一个非常有趣的问题。解决这个问题的关键就是要使有着相同边界的2个地区颜色不同。但问题是，给一幅地图上色最少需要几种颜色呢？

053 **地图上色**

给上面的这3幅地图上色，使有重叠部分的任意2个地区的颜色都不同。每幅地图最少需要几种颜色？

四色六边形游戏

　　这是一个双人上色游戏,这里一共用到的有黄、绿、蓝、红4种颜色。2个人轮流选择颜色,给上面的1个小六边形上色。相邻的2个小六边形的颜色不能相同,同时最外圈的小六边形的颜色不能与游戏板的颜色相同。2个玩家轮流上色,不能再上色的玩家即为输家。

　　如果将这个游戏作为一个题目来看,你能不能把上面所有的六边形都上色?

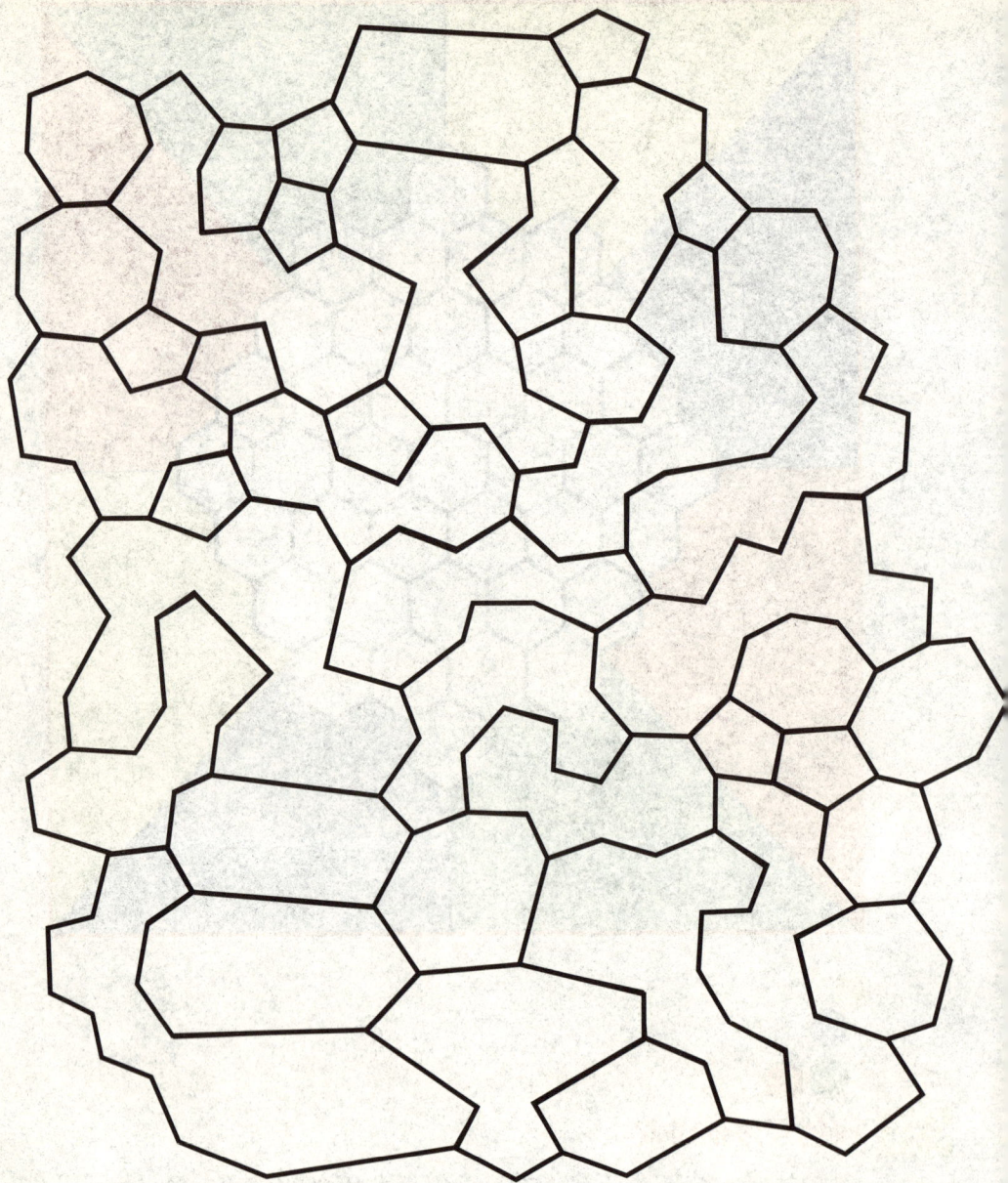

055 **图案上色(1)**

请你给上面的图案上色，使任意2个相邻地区的颜色都不相同。

请问最少需要几种颜色？

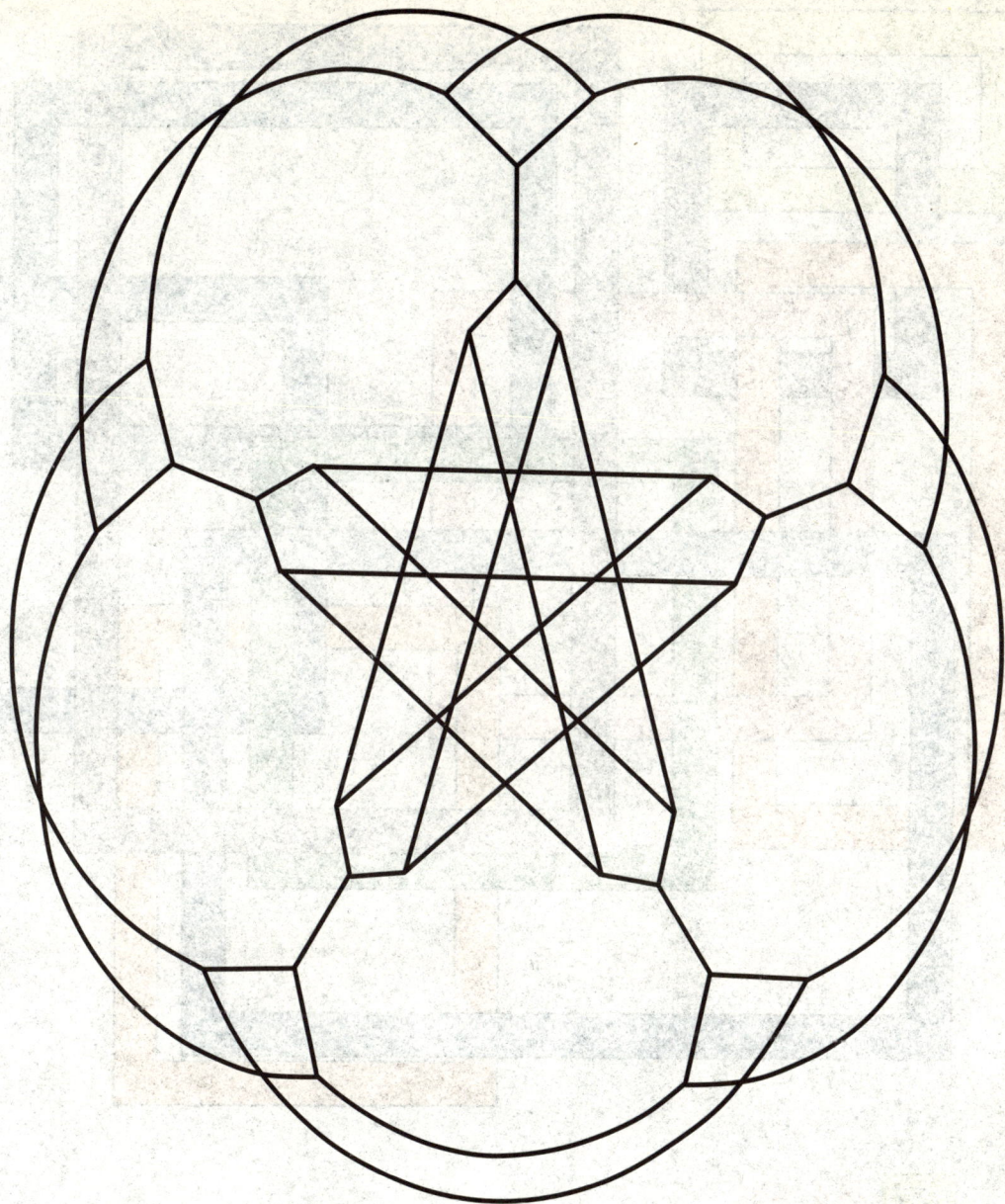

056 图案上色(2)

　　请你给上面的图案上色，使任意2个相邻地区的颜色都不相同。

　　请问最少需要几种颜色？

057 **移走木框**

上面的这些木框可以一个一个地移走，并且它们之间互不干扰。

请问应该按照什么顺序移走这些木框？

如果你答对了这道题，那么这些木框上的字母将会组成一个英文单词（按照你移走木框的顺序）。

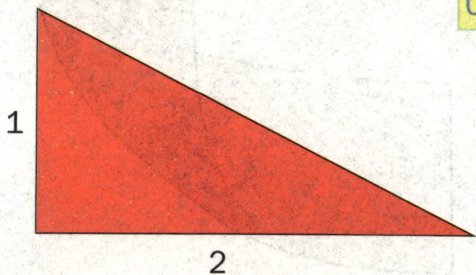

1

2

4

058 **正方形里的三角形**

如上图所示，16 个边长
分别为1和2的直角三角形组
成了一个 4 × 4 的正方形。

你能否用 20 个这样的三
角形组成一个正方形？80 个
三角形呢？

059 **纸条构成的五边形**

如图所示,将一张小纸条打一个结,打结处形成了一个正五边形。

如果将纸条的两端黏合起来,就形成了一个闭合的表面。请问这个表面有几个面和几条边?

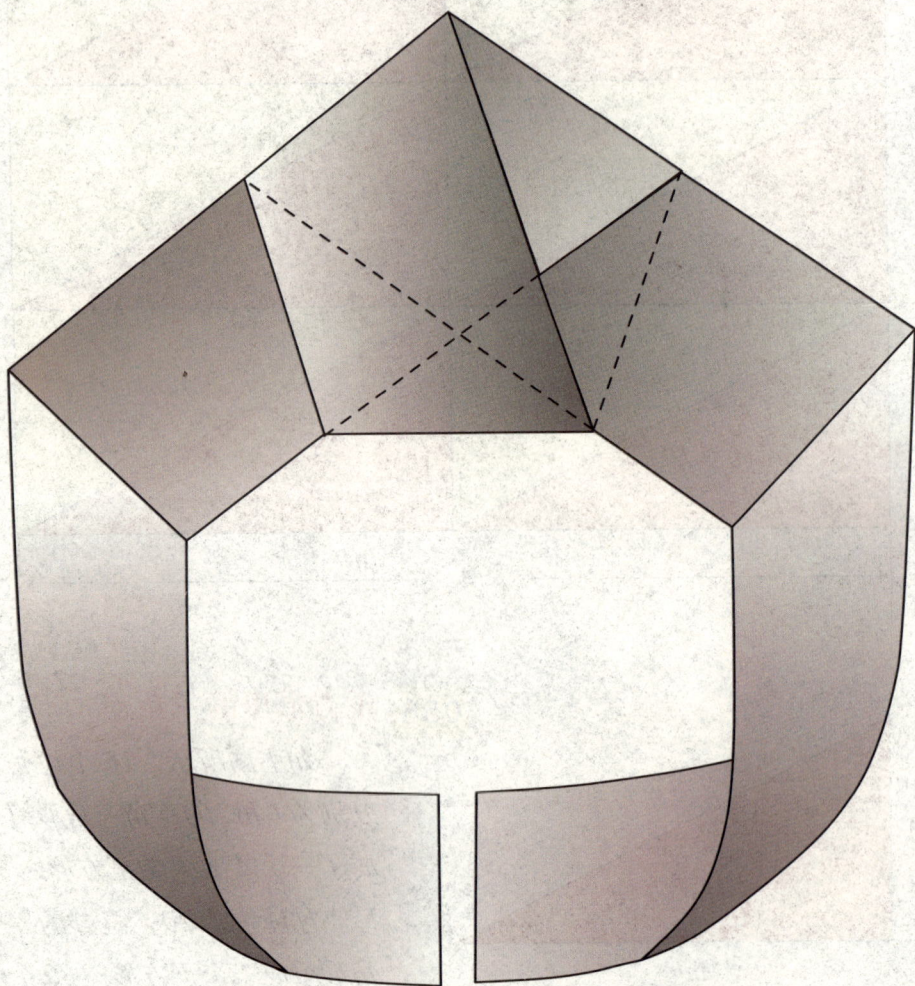

060 **2 座塔**

这是一个拼图游戏，需要移动几步才能从上面的图形变成下面的图形（图中灰色方块部分是空的）？

061 迷宫

迷宫是一种古代的建筑。传说最早的迷宫是代达罗斯为克里特岛上的迈诺斯国王修建的，迷宫里面关着牛头人身的怪物。特修斯进入迷宫，杀掉了怪物，并且找到了回来的路，因为他在进入迷宫的时候将一个金色线团的

这个图形迷宫是最古老的迷宫图案之一

一端留在了入口处，最后沿着金线走出了迷宫。

　　从数学的角度看，迷宫是一个拓扑学的问题。在一张纸上通过去掉所有的死胡同可以很快找到迷宫的出口。但是如果你没有这个迷宫的地图，而且现在就在迷宫里面，仍然有一些规则可以帮助你走出迷宫。例如，在走的过程中把你的手放在一边的墙上，留下印记。这样做，最终一定会走出迷宫，尽管你走的并不一定是最短路线。但是如果迷宫的墙有些是闭合的，那么这个方法就不管用了。

　　没有闭合的墙的迷宫是简单连接的，也就是说，它们没有隔离墙；而有隔离墙的迷宫的墙一定是闭合的，被称为复杂连接，如下图所示。

　　有没有一种方法可以帮助你走出任何一个迷宫？

简单连接的迷宫

多层迷宫

062 立方体迷宫

把这张迷宫图复制并剪下来，再折成一个立方体。然后试着从 1 处走到 2 处。看你最快多久能够完成。

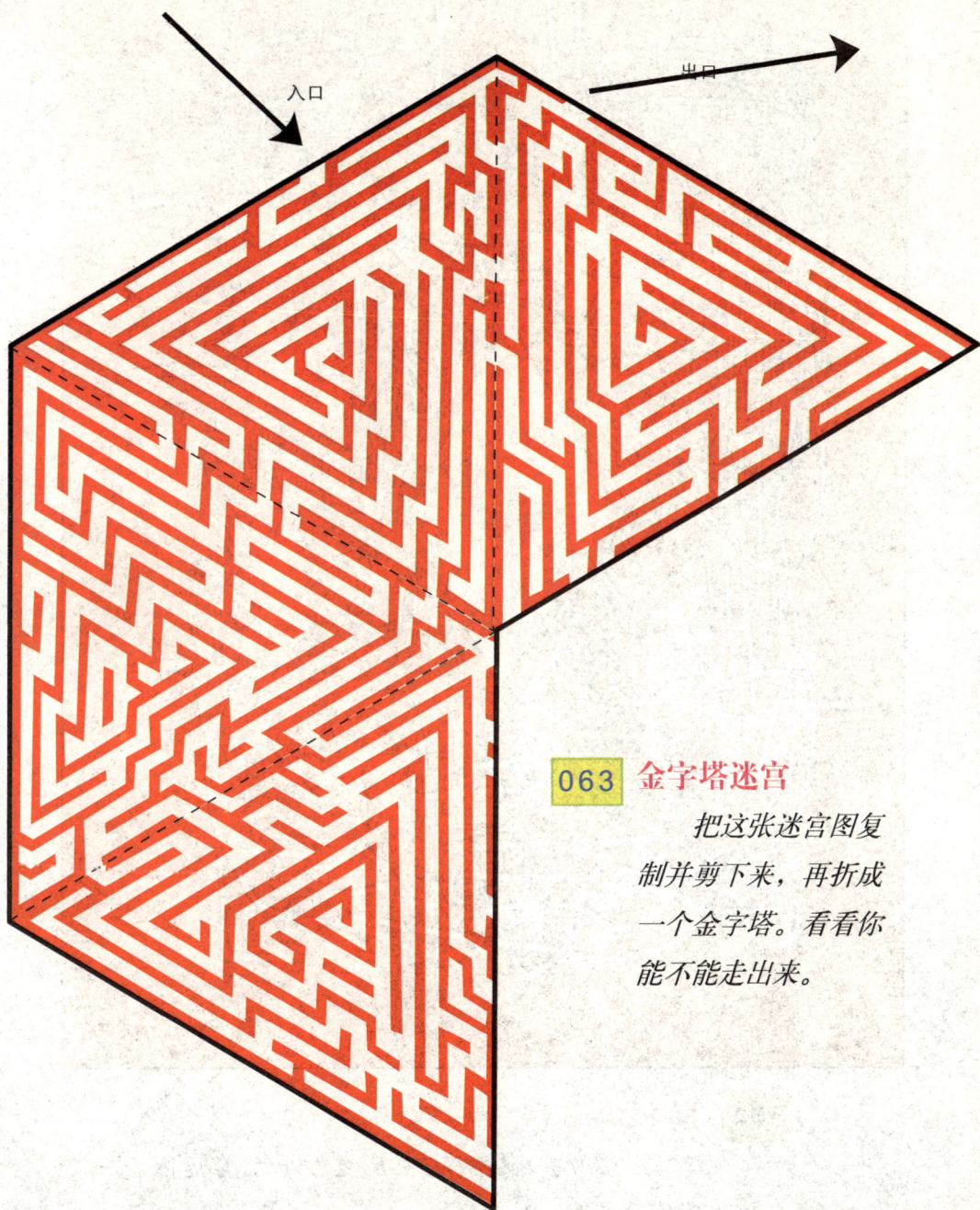

入口

出口

063 **金字塔迷宫**

　　把这张迷宫图复制并剪下来，再折成一个金字塔。看看你能不能走出来。

064 **卡罗尔的迷宫**

　　如图所示，从迷宫中心的菱形开始，你能否走出这个迷宫？

蜂巢迷宫

　　你能否找到穿过上面这个蜂巢的最短路线？

066 缺失的正方形

你能否找出规律，将图中每一横行缺失的正方形补充完整？

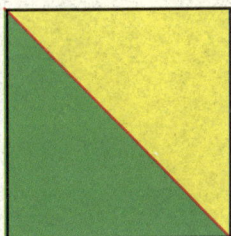

将1个正方形沿着一条对角线折叠，得到2个全等的等腰直角三角形。

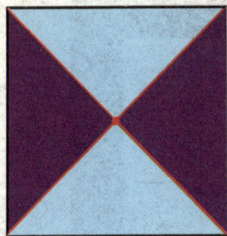

将1个正方形沿着它的2条对角线折叠，折叠线经过正方形的中心，并将它分成4个全等的等腰直角三角形。

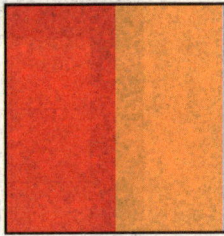

将1个正方形沿着纵向的对称轴对折，得到了2个全等的长方形，该对称轴与正方形的2条边都平行。

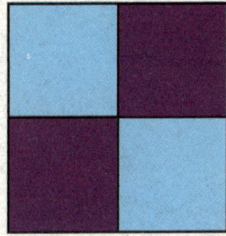

将1个正方形沿着纵向和横向的对称轴对折，折叠线经过正方形的中心，并将它分成了4个全等的小正方形。

沿着正方形所有的对称轴折叠4次，折叠线就是它的4条对称轴；此外，这个正方形还绕着它的中心点中心对称。

067　正方形折叠(1)

在几何学中，正方形是4条边相等和4个角相等的几何图形，或者说它是4条边都相等的矩形。

不用任何辅助工具，只是用手来折叠一个正方形，你会得到很多有趣的数学结果。上面给出了一系列的折叠方法，其结果分别是不同的数学发现。

你能否用一个正方形折出4个大小不同的正方形？

068　正方形折叠(2)

你能否用一个正方形折出一个"蜂巢"，每个小格子都是六边形？

069　正方形折叠(3)

你能否用一个正方形折出一个正八边形？

货物箱

工作人员

滑行方块游戏起源于日本，这个游戏有很多种变体。

070 滑行方块

上图是一个大型仓库的平面图。仓库里的货物箱用红色方块表示，仓库里的工作人员用蓝色方块表示。

我们的任务是要将所有的货物箱都推到图中最顶上的储物区。工作人员只能自己来推动箱子，可以横向或者纵向推动箱子，但是不能斜向推动。一次只能推动一个箱子。推一次看做是一步，不管这一步有多远。如下页例子所示，右边工作人员推一个箱子用了2步。

解决这个问题一共需要多少步？

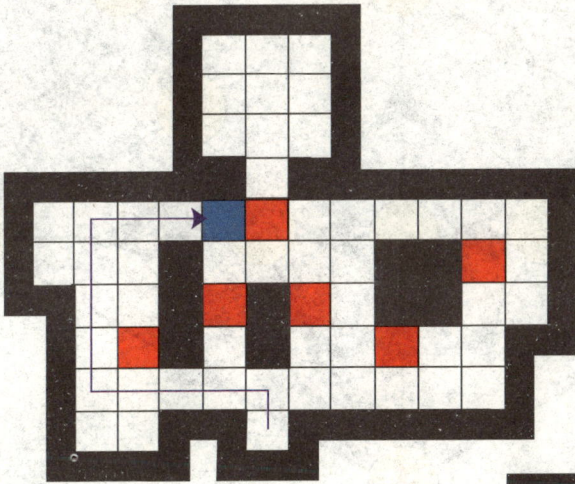

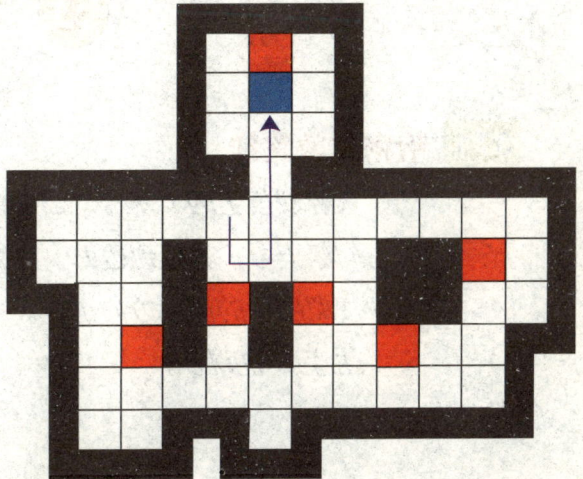

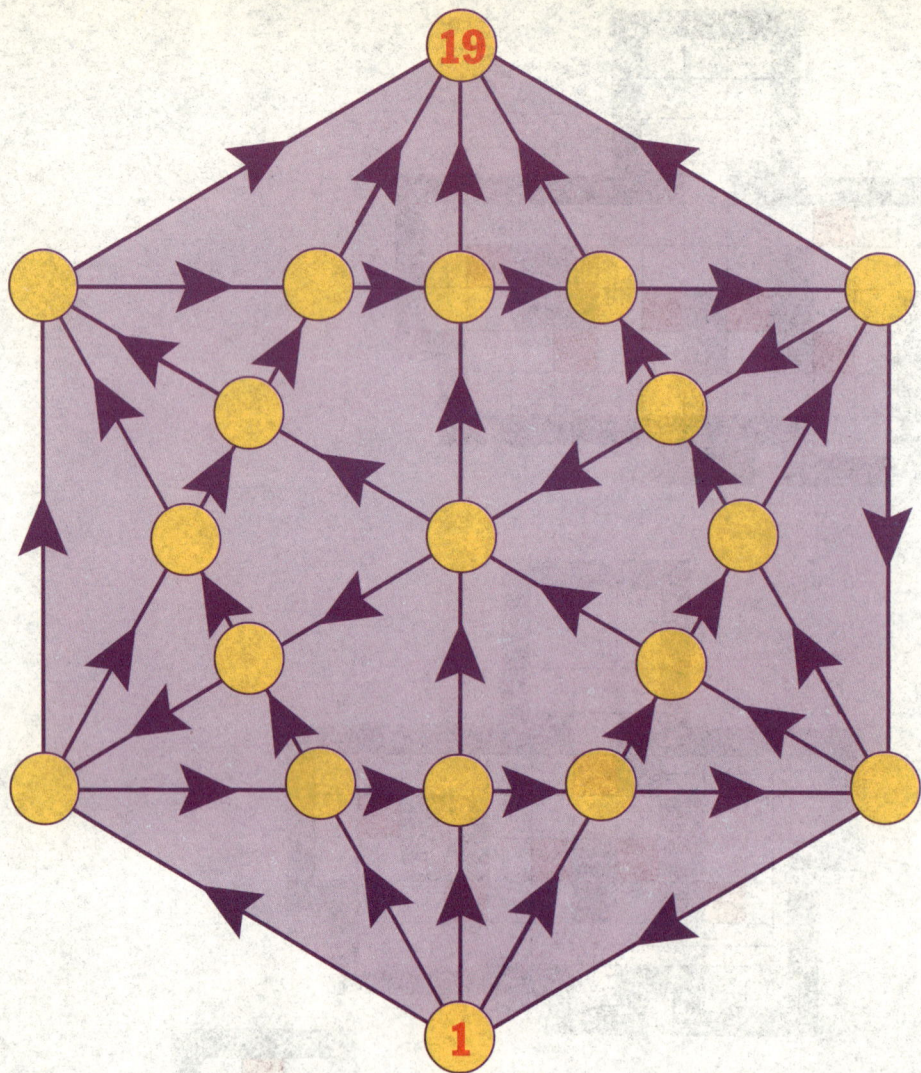

071 哈密尔敦路线

从游戏板上的1开始，必须经过图中每一个圆圈，并依次给它们标上号，最后到达19。你每次只能到达一个圆圈，并且必须按照图中的箭头方向前进。

注意：不能跳步。

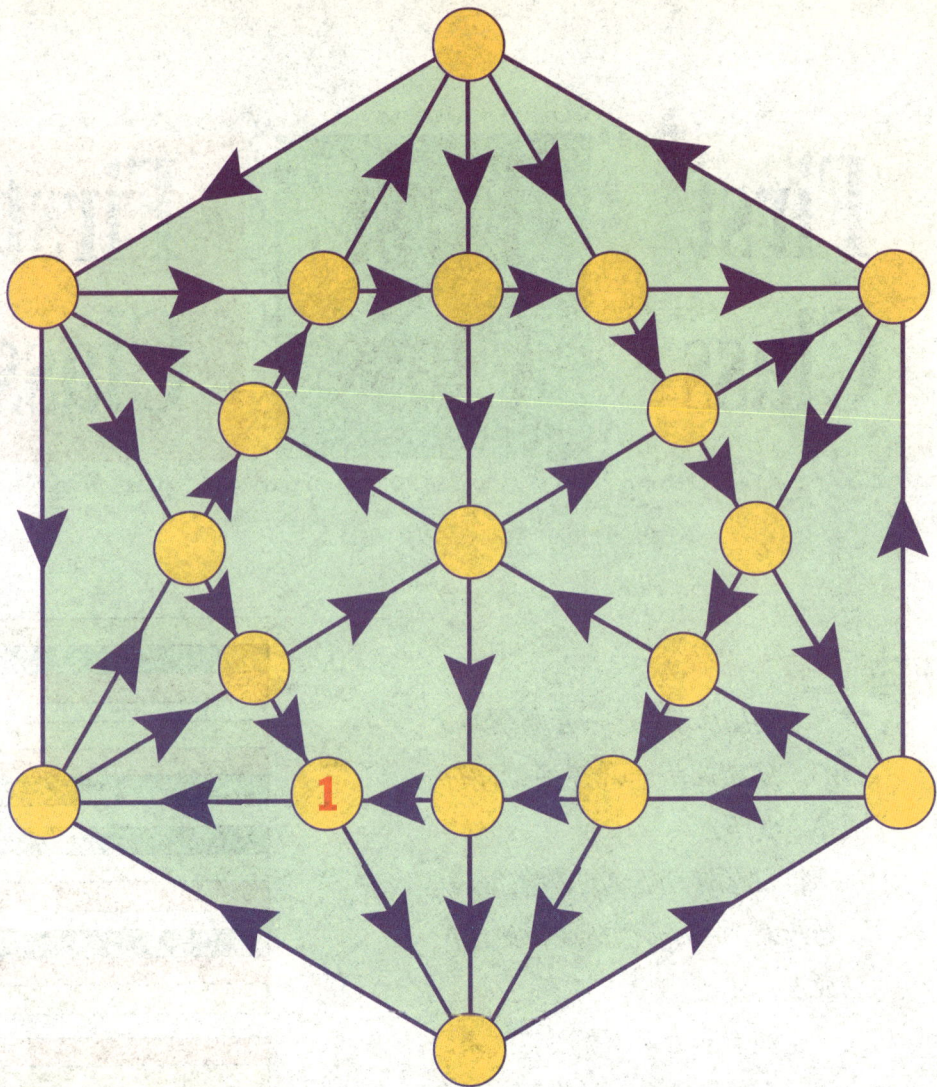

072 哈密尔敦闭合路线

　　一个完全哈密尔敦路线是从起点1开始，到达所有的圆圈后再回到起点。你能不能将1～19这几个数字依次标进上面的圆圈中，完成这样一条路线呢？

　　你每次只能到达一个圆圈，并且必须按照图中的箭头方向前进，不准跳步。

First Class

First Class

First Class

073 **折叠3张邮票**

如图所示，这一套邮票共3张。你能说出一共有多少种折叠方法吗？

只能沿着邮票的边缘(锯齿)处折叠，最后必须折成3张上下放置。

邮票朝上朝下都没有关系。

3种颜色有6种排列方法。如图所示。

可以折出其中的几种？

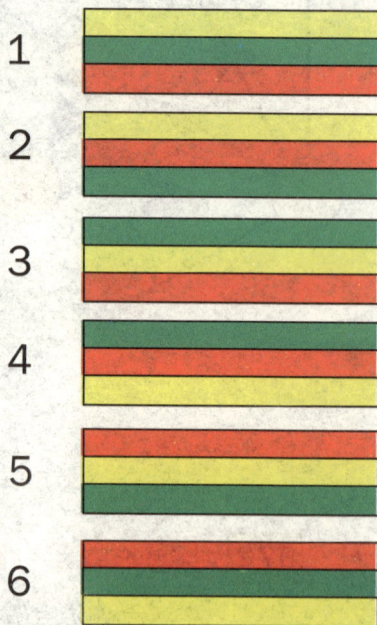

1

2

3

4

5

6

1	2	3	4	5	6
7	8	9	10	11	12
13	14	15	16	17	18
19	20	21	22	23	24

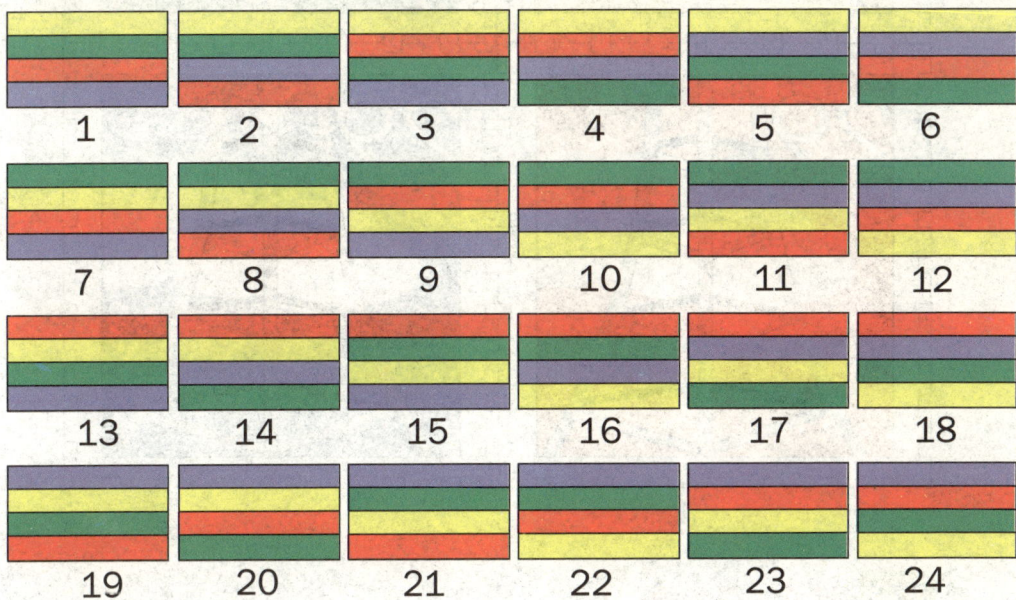

074 **折叠 4 张邮票(1)**

如图所示，这一套邮票共 4 张。你能说出一共有多少种折叠方法吗？

只能沿着邮票的边缘(锯齿)处折叠，最后必须折成 4 张上下放置。

邮票朝上朝下都没有关系。

4 种颜色有 24 种排列方法。

可以折出其中的几种？

075 折叠4张邮票(2)

　　如图所示，4张邮票组成了一个正方形。你能说出一共有多少种折叠方法吗？

　　只能沿着邮票的边缘(锯齿)处折叠，最后必须折成4张上下放置。

　　邮票朝上朝下都没有关系。

　　4种颜色有24种排列方法。

　　可以折出其中的几种？

076

折叠 6 张邮票

　　如图所示，6 张邮票组成了一个 2×3 的长方形。沿着邮票的边缘(锯齿)处折叠可以折出很多种上下组合。

　　这里给出了 4 种组合，请问其中哪一种是不可能折成的？

　　最后折出来邮票朝上朝下都没有关系。

077 折叠8张邮票

你能否将这8张邮票沿着锯齿处折叠，使邮票折叠以后从上到下的顺序是图中的1～8？

最后折出来的邮票朝上朝下都没有关系。

> **如**果用小圆代表你们学到的知识，用大圆代表我学到的知识，那么大圆的面积是多一点，但两圆之外的空白都是我们的无知面。圆越大，其圆周接触的无知面就越多。
>
> ——芝诺

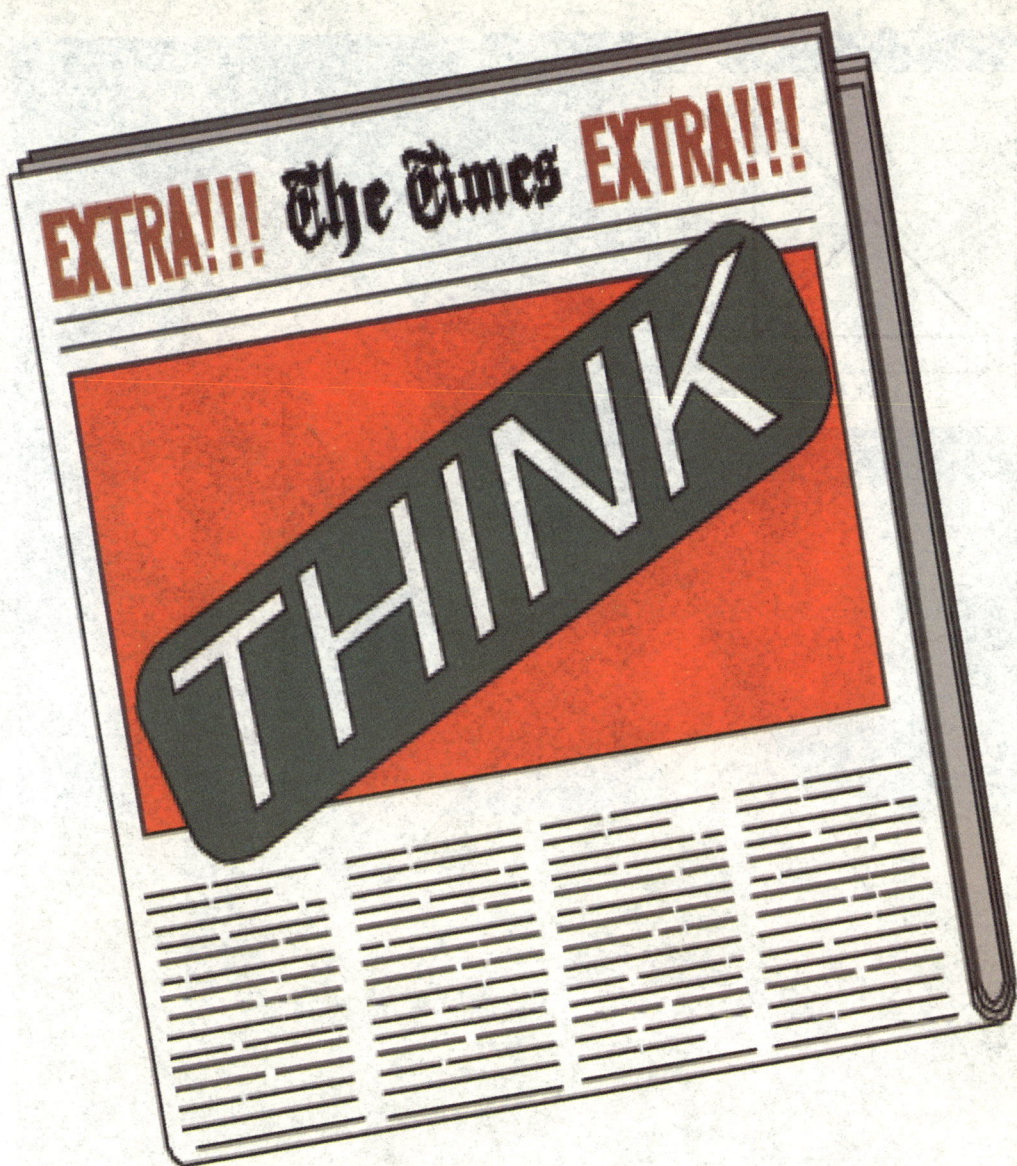

078 折叠报纸

　　将一张报纸对折，你认为最多可以连续对折多少次？

　　5次？8次？还是更多？

　　亲自动手试试！

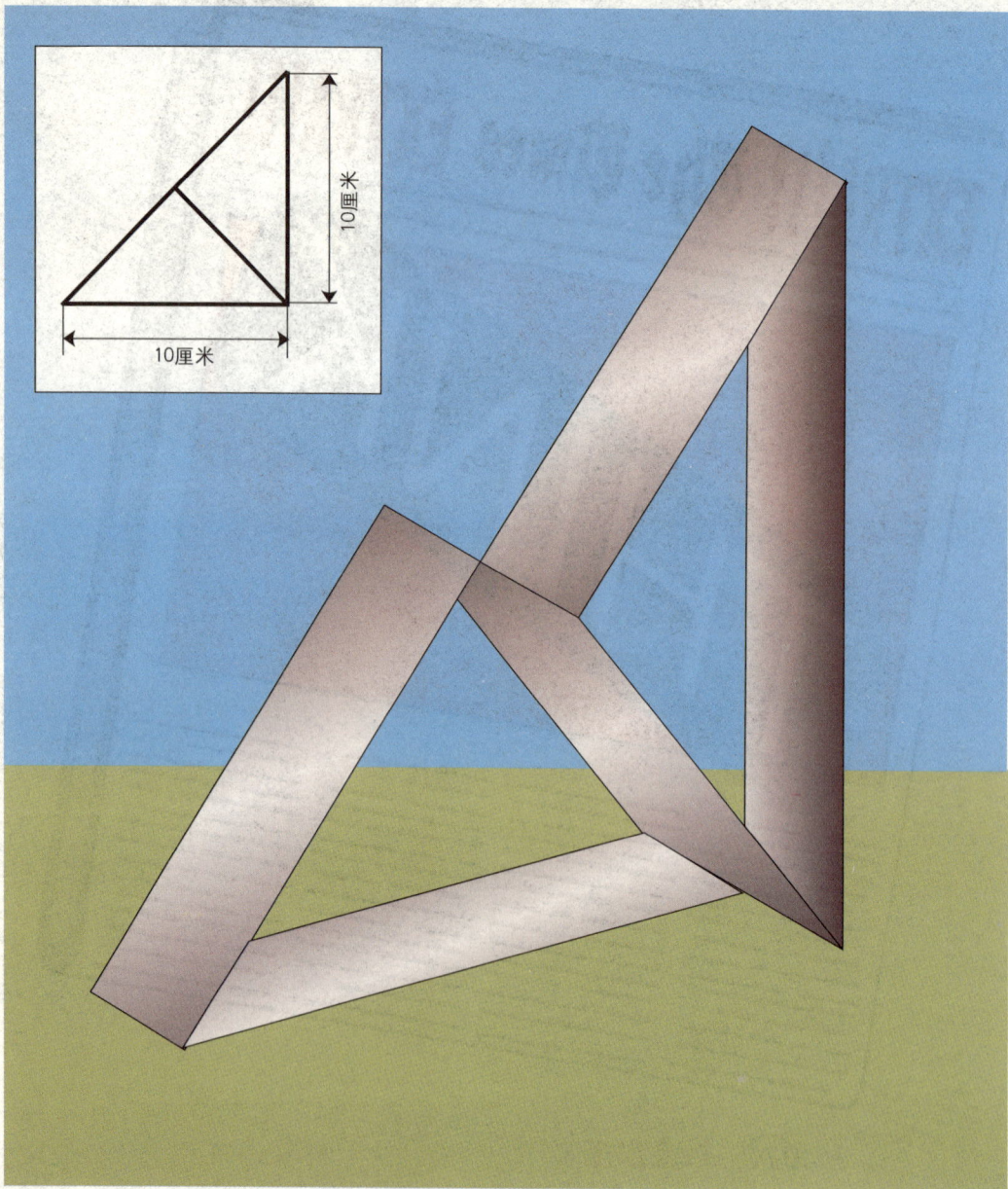

10厘米

10厘米

079 **纸条艺术**

你能否用一张纸条折成上面的形状？这张纸条
至少需要多长？

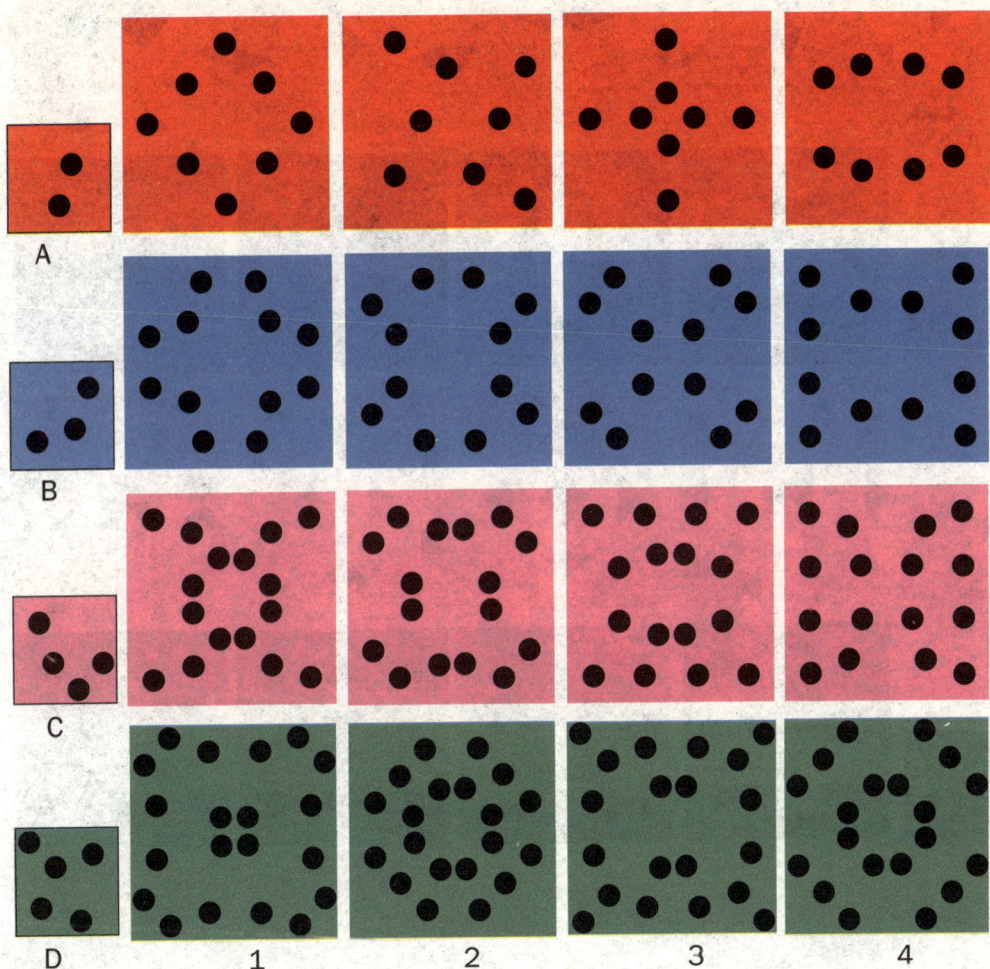

080 折叠正方形(1)

将一个大正方形两边对折，折成它1/4大小的小正方形，然后用打孔器在小正方形上打孔，见上面每行最左边的小正方形。

将小正方形展开，会得到一个对称图形。

你能说出上面4个小正方形对应的展开图分别是哪个吗？

A

B

C

D　　　1　　　2　　　3　　　4

折叠正方形(2)

　　将一个大正方形两边对折，折成它1/4大小的小正
方形，然后在小正方形上打洞，如图所示。

　　将小正方形展开，会得到一个对称图形。

　　你能说出上面4个小正方形对应的展开图分别是哪
个吗？

正面

折叠，粘起来 ——→

反面

三面折纸游戏

　　我们习惯了一张纸只有2个面。怎样剪一张纸可以使它有3个面?

　　这样的纸我们称为三面折纸。

　　将上面这个图复制并剪下来，上下对折，然后用胶水粘起来。如图折叠，将折叠的部分用透明胶带粘住（确保粘贴的时候不要粘到下面一层）。将它分别折叠和展开，就可以得到如图所示的3只动物。

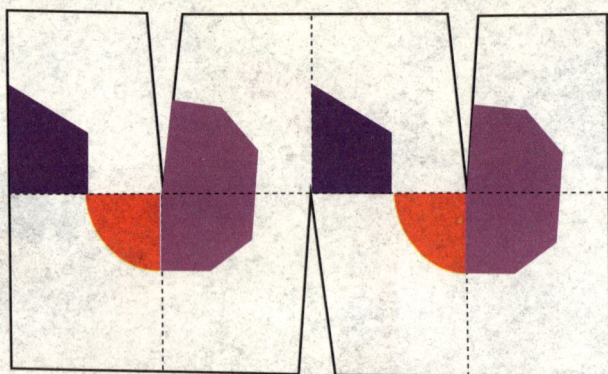

正面示意图
（制作方法
见下页）

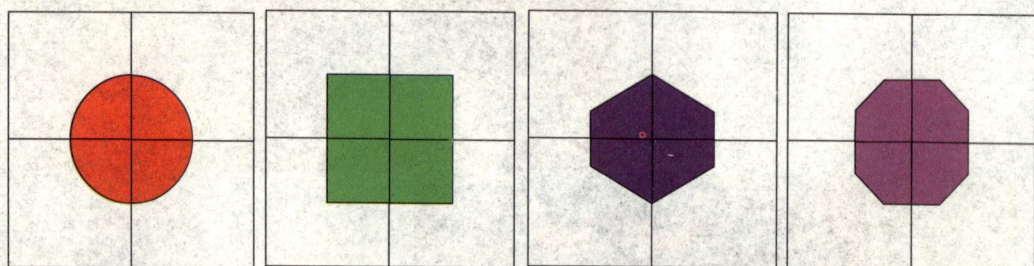

4种图形，包括很难折出来的八边形

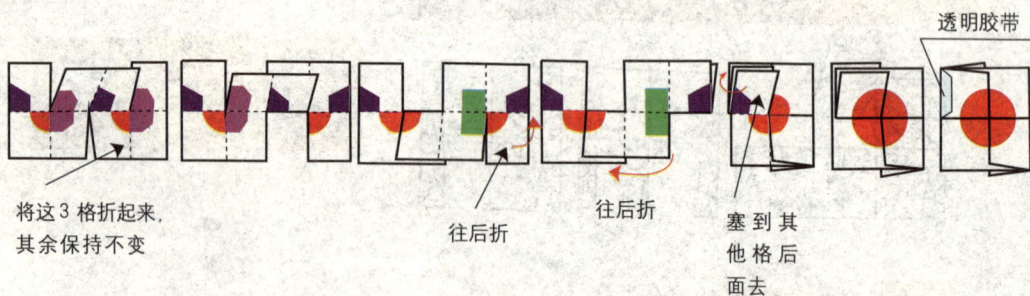

透明胶带

将这3格折起来，
其余保持不变

往后折

往后折

塞到其
他格后
面去

083 四面折纸游戏

前面我们已经介绍了三面折纸，现在我们来看一看比它更为复杂的四面折纸。完成以后你会得到如上图所示的4个图形。你会发现要折出八边形很困难，但还是可以做到的。

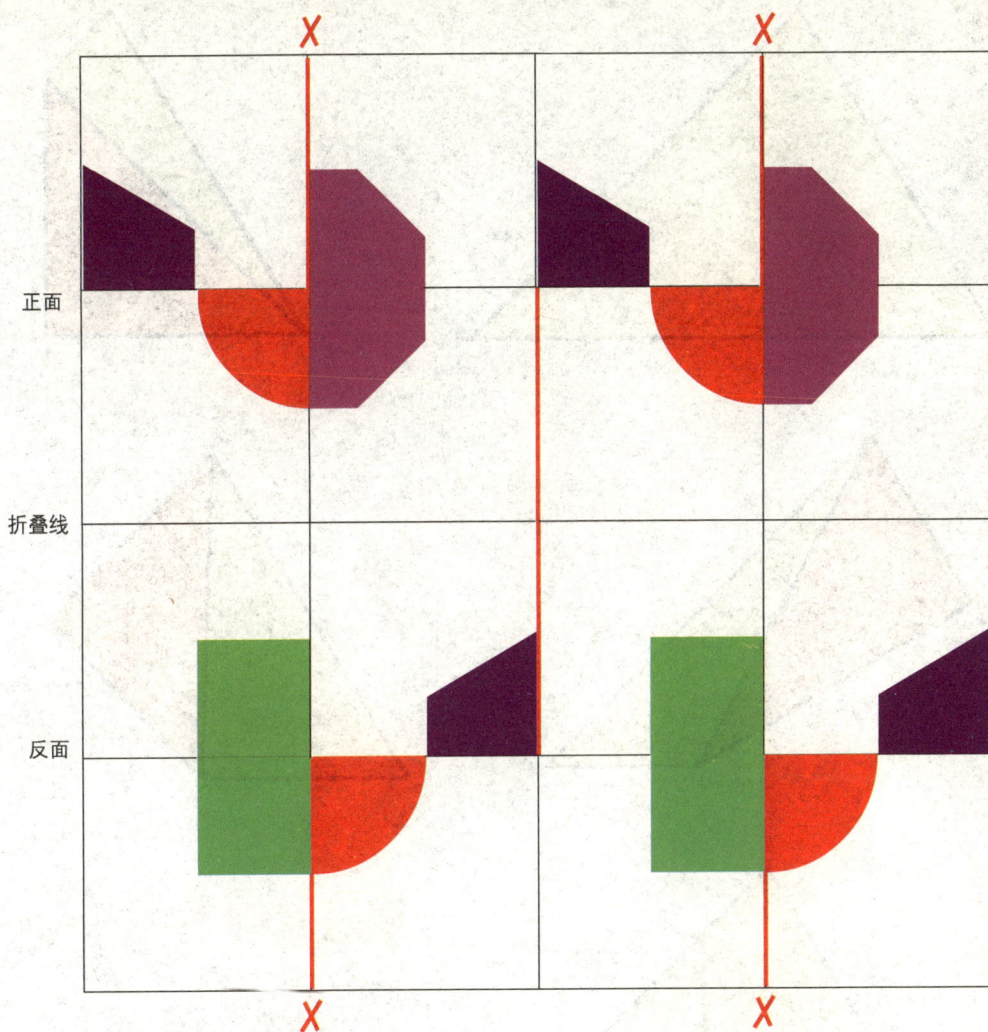

正面

折叠线

反面

四面折纸的制作方法:

　　将上面的图复制并剪下来,沿着折叠线折叠,这样所有的图形都在外面,将两边用胶水粘起来,然后沿着图中红色实线处剪开。这样就可以得到一个四面折纸。

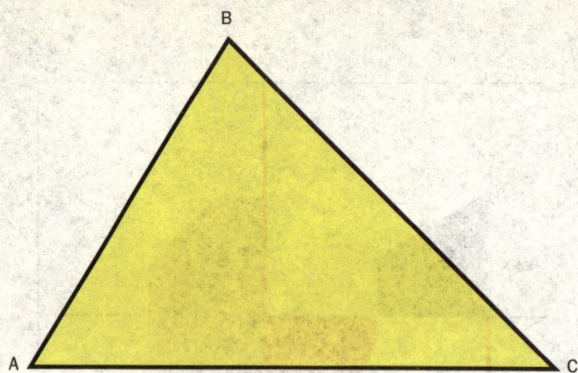

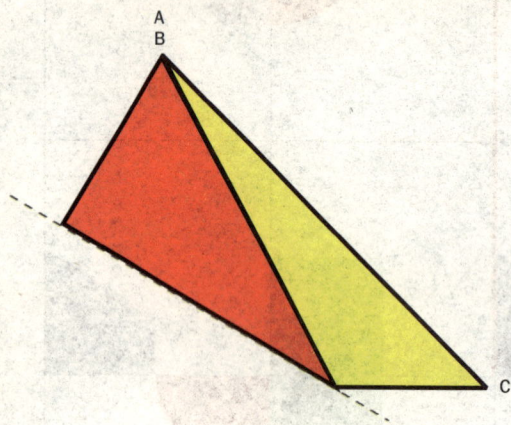

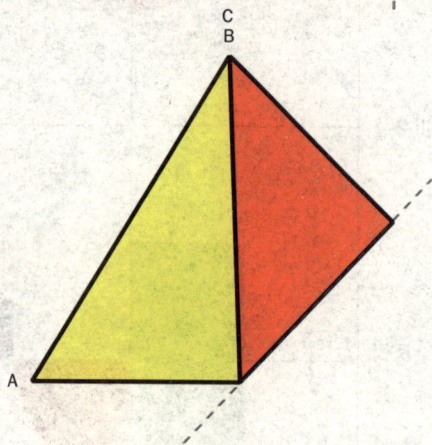

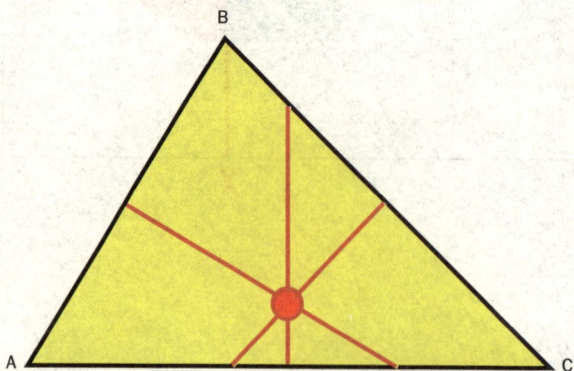

084　神奇的折叠

有一个三角形，一面为黄色，另一面为红色。将三角形的一个角与另一个角对折，如图所示，你会发现这3条折叠线交于一点。

是不是所有的三角形都具有这样的特性呢？

伏尔泰的信息

　　你能读懂上面的这条伏尔泰的信息吗？从中你可以看出一个英文句子。

　　法国著名的启蒙思想家伏尔泰（1694~1778）非常喜欢思维游戏，他自己也创造了很多有趣的谜题。

有些人对某个难题看一眼就放弃了,而另外一些坚持不懈的人则非要到把难题解出来。你是哪一种人呢?

086 不可能的多米诺塔

第一眼看这个用多米诺骨牌搭成的结构,你可能会觉得这是不可能实现的。但是如果仔细想想,你就知道这是怎么做到的了,你甚至可以自己用多米诺骨牌搭一个。

❋ 不可能

如果你在1900年对一个科学家说,到了2000年,卫星可以将卫星图发射到你家,每天有数百万的人乘坐飞机往返,你可以以每小时2000英里的速度横过大西洋,人类到过了月球,人们可以拿着无绳电话和千里之外的人通话,或者说所有这些奇迹都建立在一张邮票大小的芯片上——如果你这样说,那个科学家肯定会说"不可能",他甚至可能说你疯了。

精确地预测未来不是一件容易的事情,任何想要预测它的人很快就会知道这一点。历史上很多科学家的大胆预测并没有实现。

当我们说一件事不可能时,我们不是真的这样认为,因为我们只是没有看到实现它的方法。人类的智慧总会让很多不可能成为可能。

不可能的多米诺桥

下面又是一个看上去不可能完成的结构，你知道它是

怎么搭起来的吗？

088 不可能的任务

如图所示,升旗手的任务是把旗杆插到这座塔的最高处。

你能帮助他找到最高处吗?

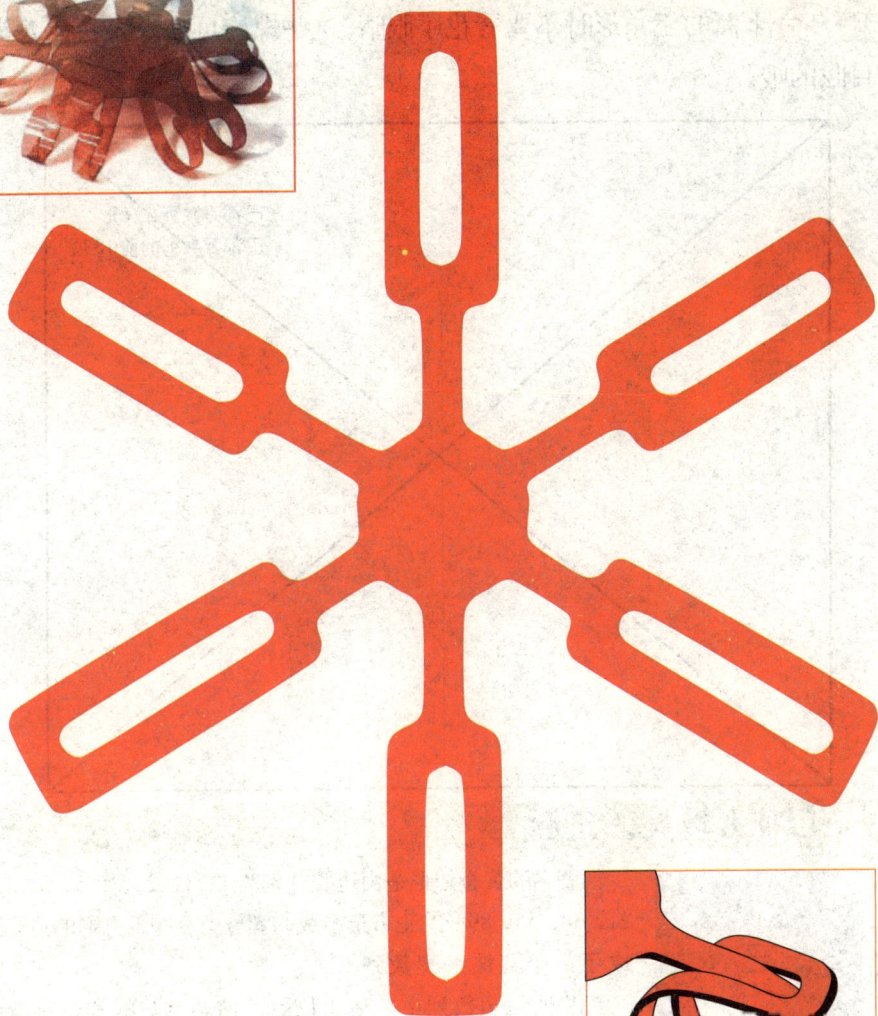

不可能的结构

　　将上面的大图复制并剪下来。

　　你能否将这个大图折成左上角的立体图？仔细观察右下角的细节图，似乎这个立体图是不可能做到的。完成这个结构其实很简单，应该怎么做呢？

　　注意：不准剪切或者黏合。

看下面的三角形时不要看花了眼睛，这些螺旋可是很容易让人头晕目眩的哦。

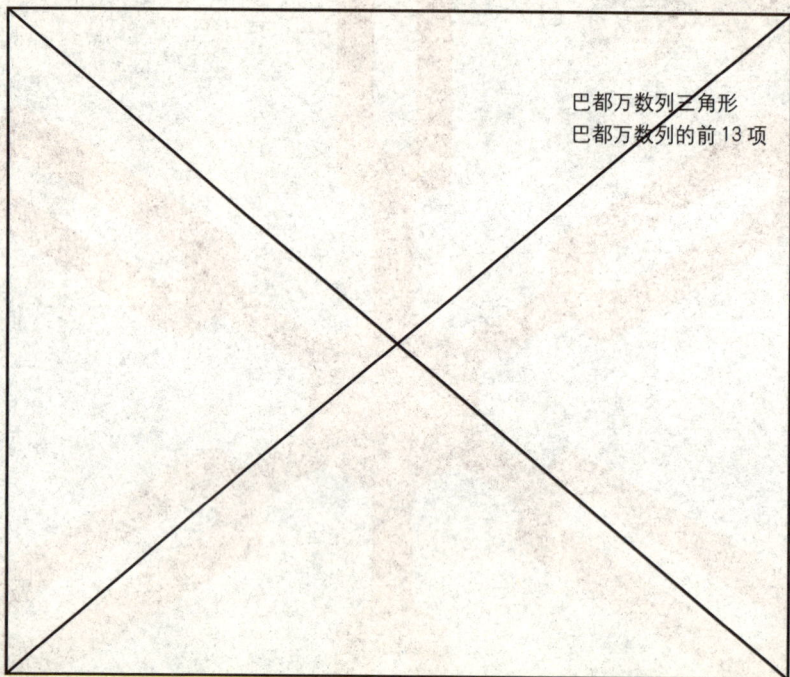

巴都万数列三角形
巴都万数列的前13项

✿ 巴都万螺旋三角形

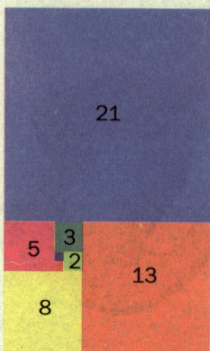

黄金矩形
斐波纳契数列的前8项

著名的黄金矩形是由边长分别为1，1，2，3，5，8，13，21，34，55，89…的正方形组成的螺旋，这些正方形的边长形成了一个斐波纳契数列。

斐波纳契数列中，后一位数是前两位数的和。斐波纳契数列里后一个数与前一个数的比例越来越接近黄金比例（也写做phi，约等于1.61）。另一个类似的数列叫巴都万数列，它是以建筑学家理查德·巴都万的名字命名的。巴都万数列运用的是螺旋的正三角形。

如上图所示，巴都万数列的正三角形的面积为：1，1，1，2，2，3，4，5，7，9，12，16，21…

你能否找出这个数列的规律，并写出这个数列的前22项？将巴都万数列与斐波纳契数列相比较：1.有没有在两个数列里都出现的数？ 2.与斐波纳契数列的黄金比例相比，巴都万数列后一个数与前一个数之比趋向于一个什么值？

巴都万螺旋三角形

下面巴都万数列中的下一项是什么？

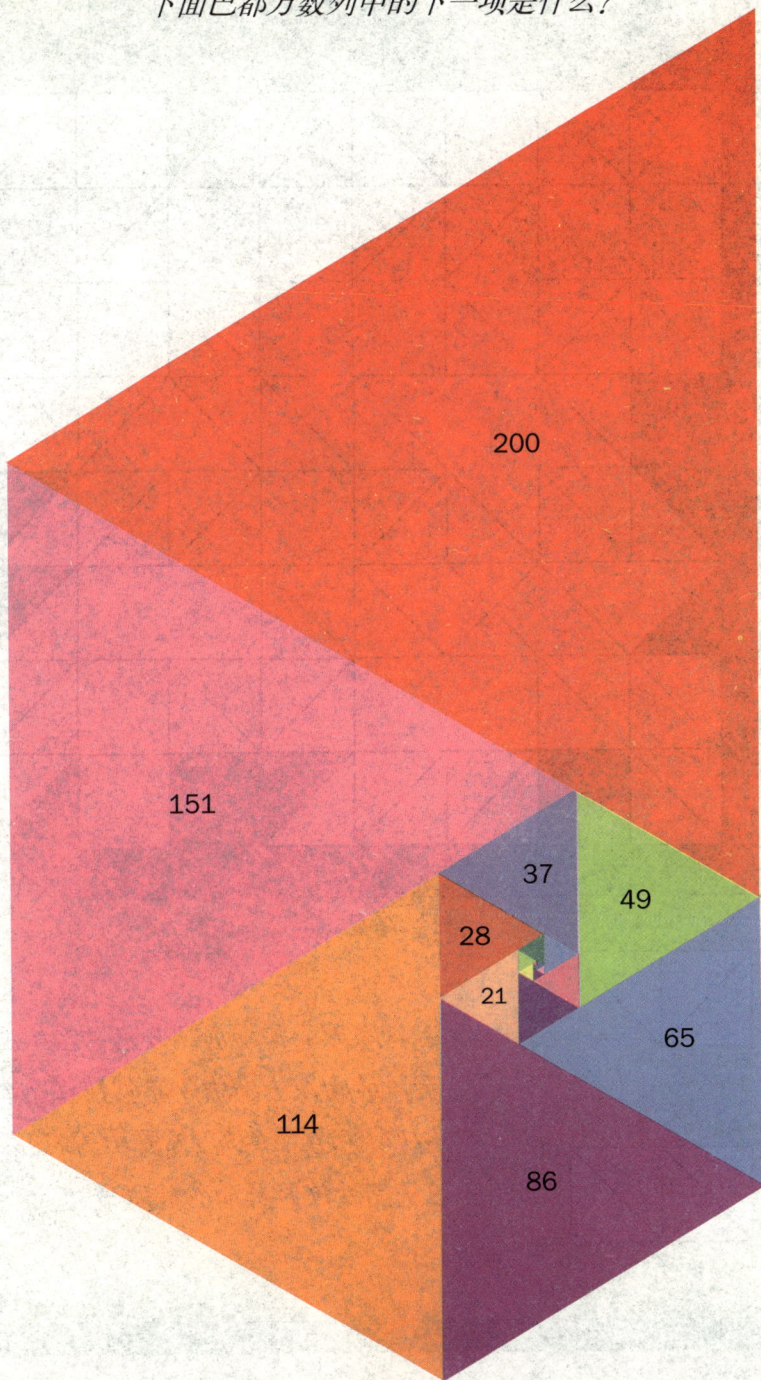

200

151

37

49

28

65

21

114

86

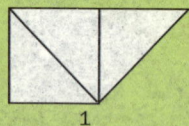

091　隐藏的图形

　　图形1和图形2分别如左图所示，请问在上图中你能够找到几个图形1和几个图形2？其中图形1和2上面允许有其他的线段穿过。

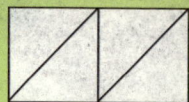

图形的对称问题看起来似乎比较难，不过很快你就会发现，不用任何辅助工具就能够找出好几种解决这种问题的方法。

092 **对称轴**

这5个图案中哪几个图案的对称轴不是8条？

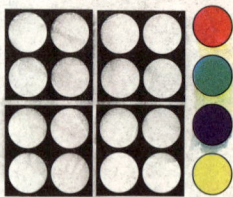

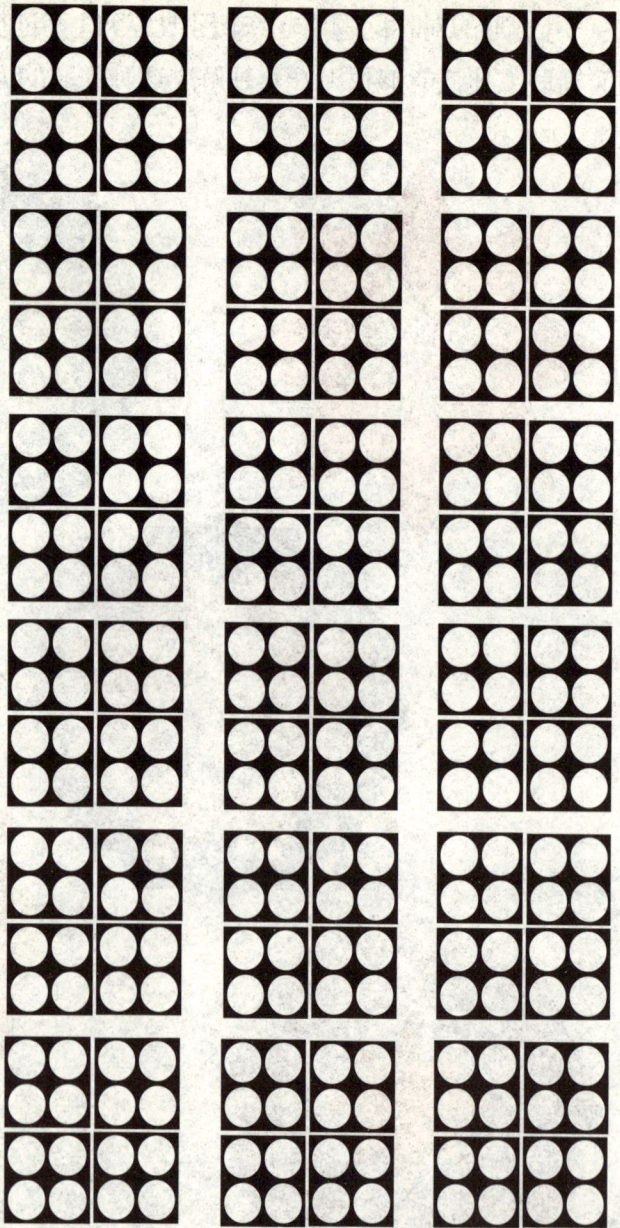

093 排列组合(1)

有多少种分配方法将4个上了色的物体放在4个没有标记的碟子上？

排列组合(2)

假设所有碟子颜色都一样——没有标记，也没有办法区分这些碟子。

你能用几种方法将 3 个不同颜色的物体分配到 3 个没有标记的碟子上？

095 **组合正方形**

下面的图形中有 3 个组合在一起正好组成一个正方形,是哪 3 个?

1. *A B C*
2. *B D E*
3. *B C D*
4. *A D E*
5. *A C D*

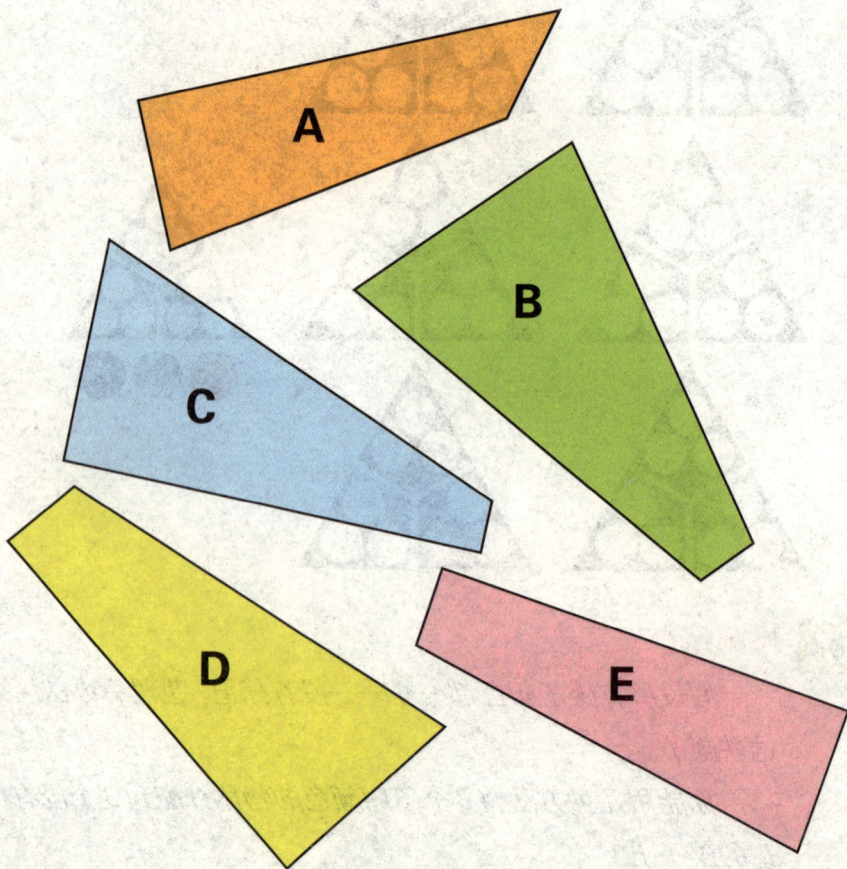

棋子

将16枚棋子放入游戏板中，使水平、竖直和斜向上均没有3枚棋子连成直线，你能做到吗？

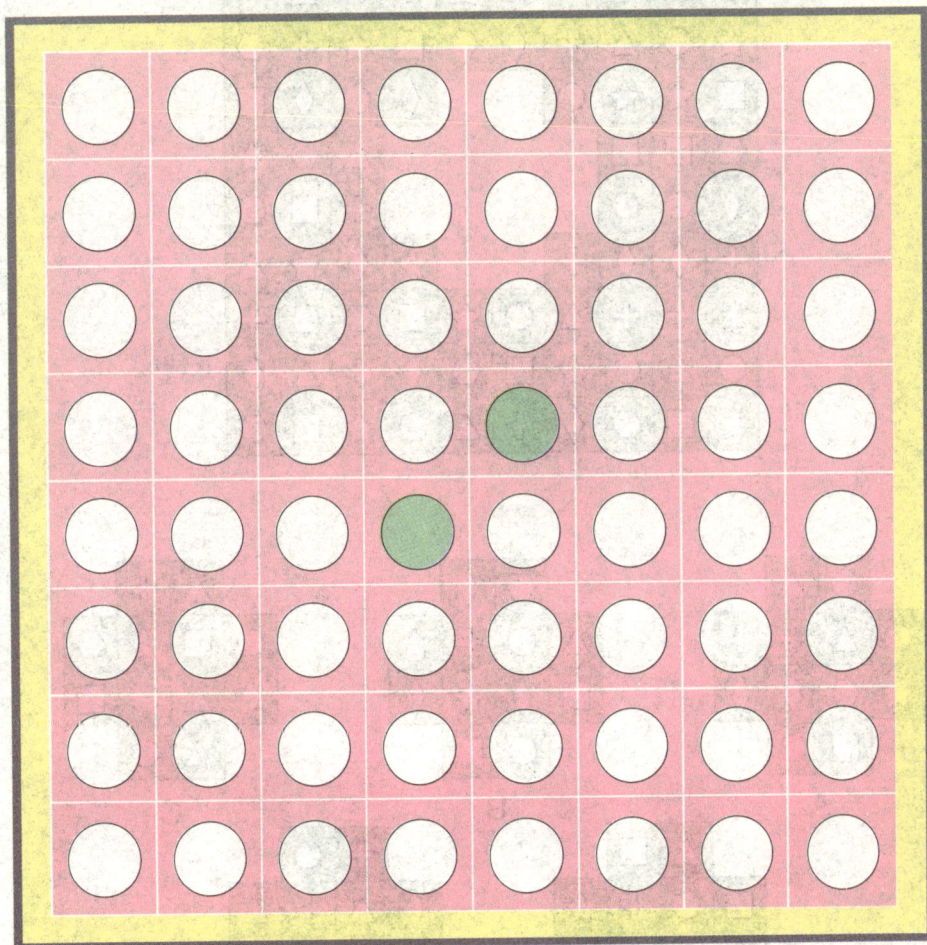

097 缺少的图形

5个选项中哪一个可以放在空白处?

A

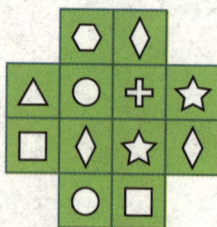

B

C

D

E

第3支铅笔

在这堆铅笔中，按照从下往上数的顺序，哪支铅笔是第3支呢？

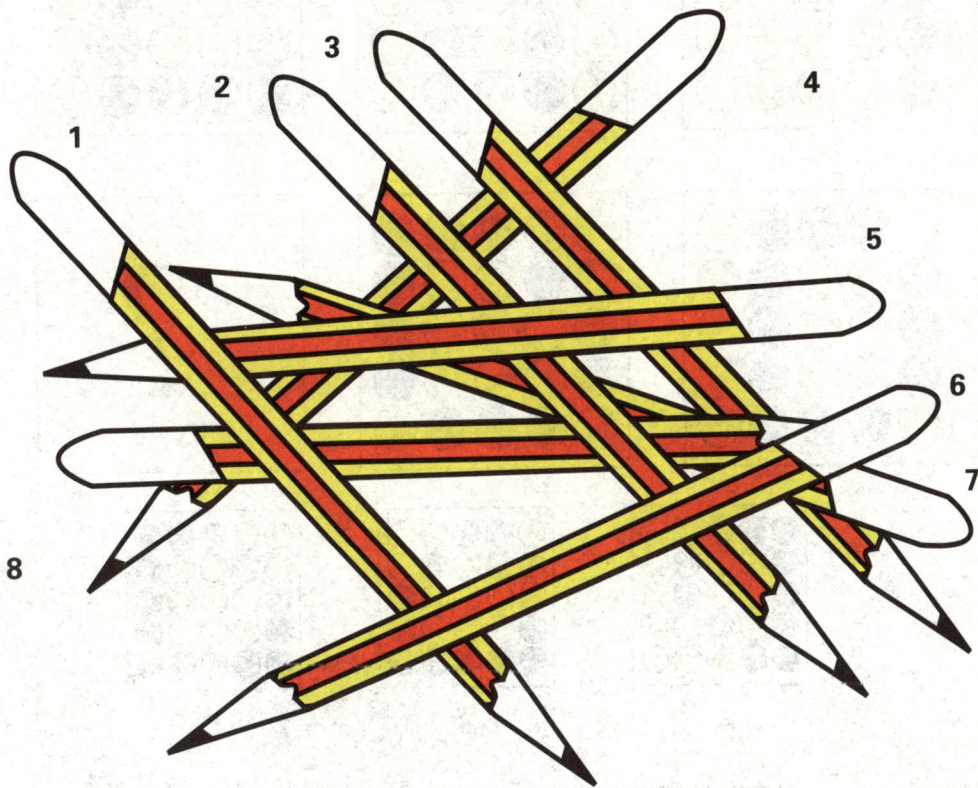

099 图形接力

问号处应该填入哪一个图形?

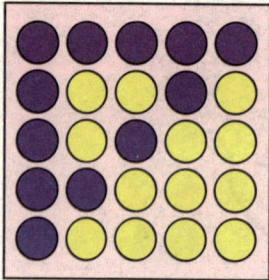 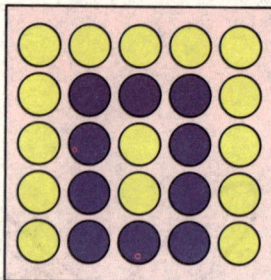 

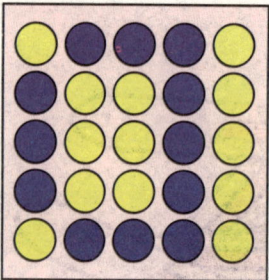  

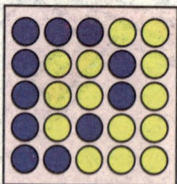  

A   B   C

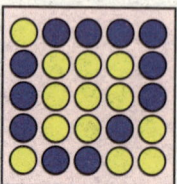  

D   E   F

想象正方形

　　将一张正方形的纸进行折叠,然后如图所示,在完成折叠的最后一个步骤之后,用剪刀剪下所折成图形的一角。如果将纸张打开,所得到的正方形将会与哪一个选项类似呢?

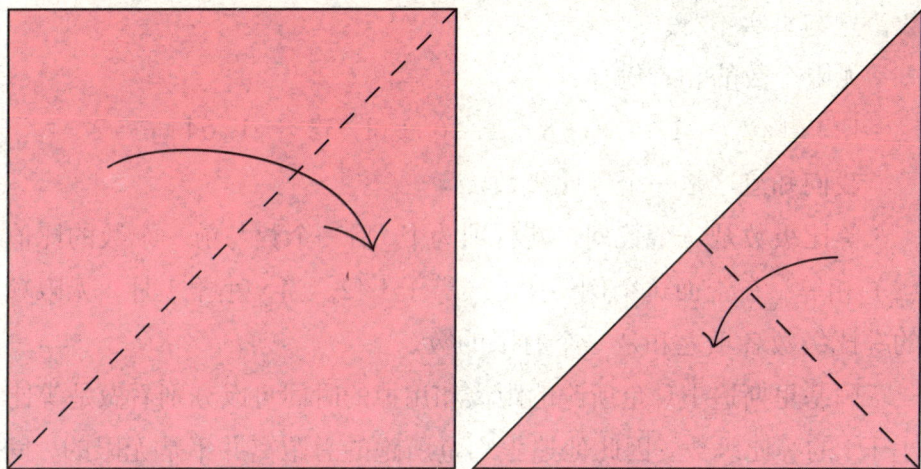

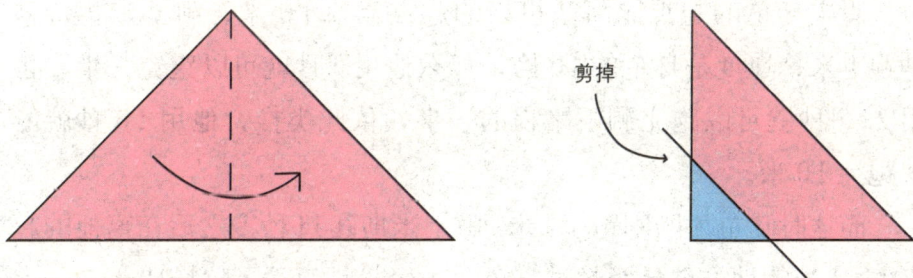

剪掉

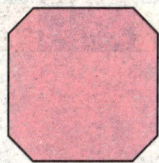

A

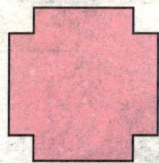

B

C

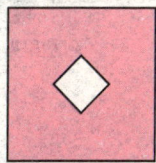

D

答 案

001.芝诺的悖论

芝诺的悖论中第 1 处错误就是他假定无限个数的和还是无限个数，这与事实不符。

无限个数的和，例如：

1 + 1/2 + 1/4 +1/8+ 1/16 + 1/32 + 1/64+…=2

我们知道这是一个等比级数。

等比级数是一个数列，其首项为 1，后一个数与前一个数的比值（x）相等。在上面这个例子中，x 等于 1/2。当 x 小于 1 时，无限项的等比级数各项之和是一个有限的数。

阿基里斯追上乌龟所跑的距离和用掉的时间可以分别看做是等比小于 1 的等比级数，因此他追上乌龟所跑的总距离并不是无限的，同样，所用的时间也是有限的。

假定乌龟的起点比阿基里斯的起点靠前 10 米，阿基米德每秒钟跑 1 米，速度是乌龟的 10 倍，那么他用 5 秒就可以跑完一半，再用 2.5 秒就可以跑完剩下路程的一半，依此类推，他用 10 秒就能够跑完 10 米。

而这时乌龟才刚刚跑了 1 米。阿基米斯在 11 秒多之后在离他的起点 11.1 米的地方就已经超过乌龟，很轻松地赢得了这场比赛。

阿基里斯的起点

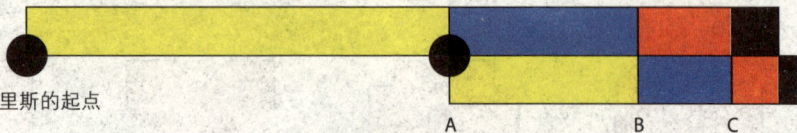

A   B   C

乌龟的起点

002.有钉子的心

如图所示。

003.白色的小熊

美国哈佛大学的心理学家和教授魏格纳在1987年做过这个著名的关于抑制思想的实验。

无论你多么努力不去想这只白色小熊,最多几分钟以后,它仍会重新出现在你的脑海中。

魏格纳用"思维的无意识过程"来解释这个现象。当我们试着压制某一个思想时,这种行为反而会促进一个抵制我们意愿的过程发生。当我们企图控制自己的思想时,两个过程将被同时激活:一个执行过程(执行我们的意愿)以及一个无意识的过程(这个过程反而提高我们企图抑制的那个思想的灵敏性)。

004. 平方根

如图所示，画 3 个直角三角形，x 为三角形的高。

由此我们就得到了这 3 条直线的关系：

$c^2 = a^2 + x^2$

$b^2 = x^2 + 1$

$(a+1)^2 = b^2 + c^2$

将前 2 个式子带到第 3 个式子中，我们就得到了下面的等式：

$a^2+2a+1 = x^2+1+a^2 +x^2$

$a^2+2a+1 = a^2+2x^2 +1$

$2a = 2x^2$

$a=x^2$

$\sqrt{a}=x$

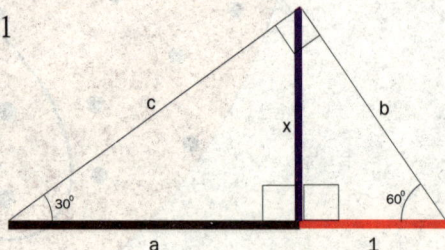

005. 蚂蚁队列

1. 令人惊讶的。

2. 令人惊讶的。

3. 不是令人惊讶的。因为在这个队列中，1 个红蛋和 1 个蓝蛋前后距离为 2 的情况出现了 2 次。

4. 不是令人惊讶的。因为 1 个红蛋和 1 个黄蛋前后距离为 4 的情况出现了 2 次。

5. 令人惊讶的。

6. 不是令人惊讶的。因为 1 个红蛋和 1 个蓝蛋前后距离为 1 的情况出现了 2 次。

006.人形拼图

如图所示。

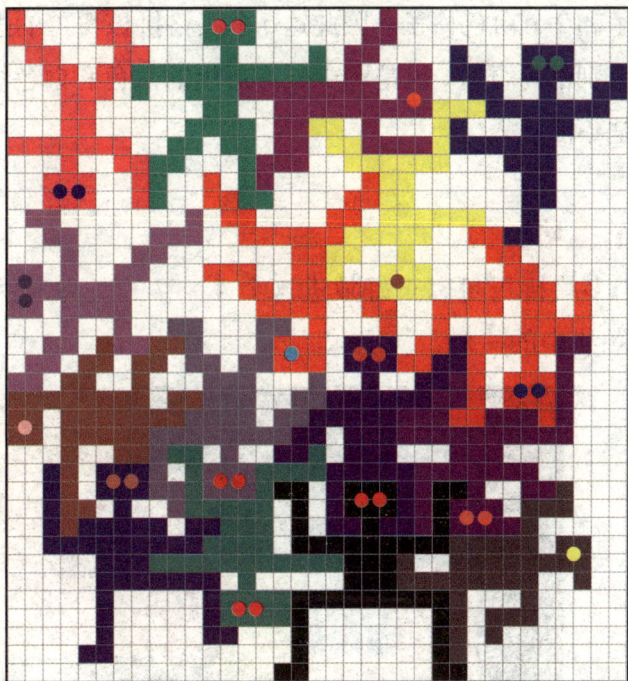

008.数一数(1)

当然,你可以·个一个地数,但这样花的时间绝对要超过规定的时间。

你可以先迅速分析一下图形的特点,然后再算出点的数量,这样做能够大大提高速度。

每个小正方形中有10个点,一共有9个这样的小正方形,因此一共是90个点。

009.数一数(2)

在 10×10 的正方形中一共少了10个点,因此一共是90个点。

010.8个多格拼板(1)

5个四格拼板不能正好放入 4 × 5 的长方形中。T 形的四格拼板放进去覆盖住了3个黑色格子和1个白色格子，剩下的4个都是覆盖住2个黑色格子和2个白色格子。因此这5个四格拼板覆盖的黑色和白色格子数必须分别都为奇数，但是题中长方形里的黑色和白色格子各10个，因此答案是不能放入。

011.8个多格拼板(2)

8个多格拼板可以正好放进这个 4 × 7 的长方形中，下图所示的是多种解法中的一种。

012.多形组拉丁拼板(1)

如图所示。

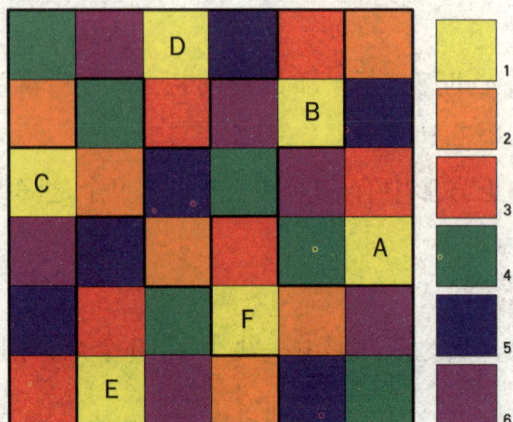

013.多形组拉丁拼板(2)

如图所示。

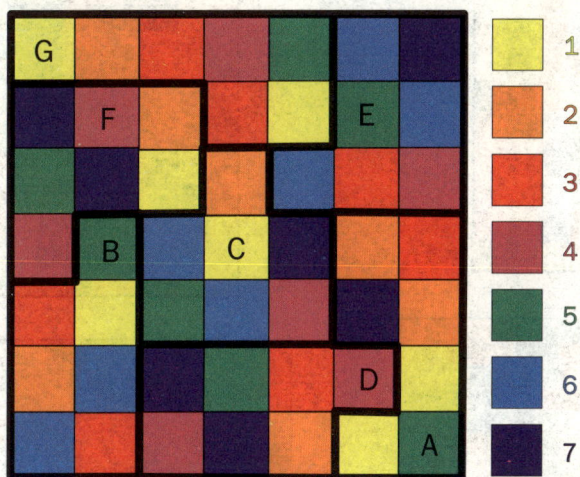

014.多格拼板对称

如图所示。

015.多格拼板矩形

序号为10

序号为18

序号为28

序号为24

016.步步为赢

一共有 32 种不同的组合方法。

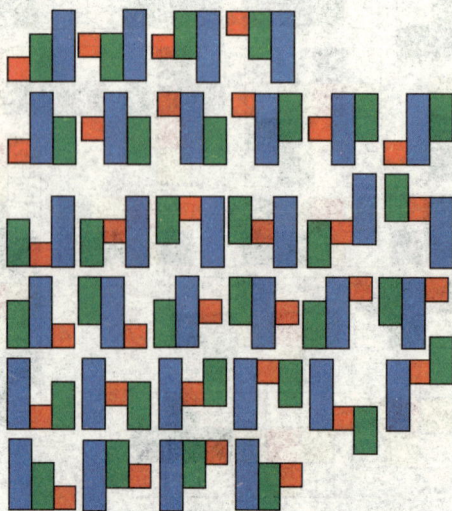

018.12个五格拼板

　　这12个五格拼板在棋盘上的摆放位置有很多种，最后总是会留下4个方格。无论这4个方格选在哪里，总是可以将这12个五格拼板放进去。如图所示为答案之一。

019.五格拼板游戏

　　如图所示。

1

2

3

4

5

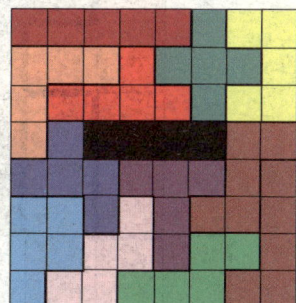

6

020.最少的五格拼板

如图所示，最少 5 个。

021.五格拼板的1/3

如图所示。

022.五格拼板的3倍

如图所示。

023.五格拼板围栏(1)

如图所示。

024.五格拼板围栏(2)

如图所示。

025.五格拼板围栏(3)

如图所示。

026.五格拼板围栏(4)

如图所示。

027/028.锯齿状的五格拼板(1)/(2)

如图所示。

029.六格拼板

如图所示。

030.多格六边形(1)

032.多格六边形(3)

031.多格六边形(2)

033.五格六边形(1)

如图所示。

036.五格六边形(4)

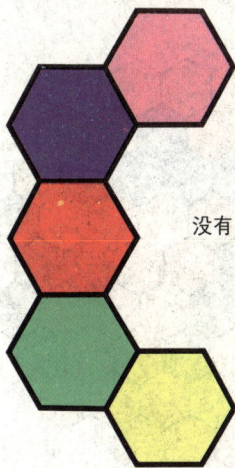

没有用到

没有用到

用到了

用到了

037/038.五格六边形游戏(1)/(2)

如图所示。

039.棋盘正方形

一共有204个正方形，这个结果是由下面这个式子得到的：

$$8^2 + 7^2 + 6^2 + 5^2 + 4^2 + 3^2 + 2^2 + 1^2 = 204$$

边长包含n个单位正方形的大正方形里所含的正方形数等于从1到n的整数的平方和。

040.六格三角形(1)

如右图所示。

041.六格三角形(2)

042.六格三角形(3)

043.六格三角形(4)

044.欧贝恩的六格三角形

　　欧贝恩花了几个月才找到一种解法，如图所示。究竟一共有多少种解法呢？理查德·K.盖伊给出了答案，根据他的猜想，一共约有50000种答案，他已经收集了4200多种。

045.六边形

046.六角星

对于六角星迄今只有一种解法。

047.七格三角形

如图所示。

048.四格等腰三角形

如图所示。

049.渔网

如图所示，18 条"鱼"都可以放进"渔网"。

050.纪念碑

这个纪念碑是由 36 个原图形构成的。

它本身也可以分割成 36 个与它一样的图形，如图所示。

051.平行线

如图所示，图中用箭头标出来的那条线与其他直线都不平行，它有点倾斜。这个小小的改动使这条直线看起来与它左右相邻的直线平行。但事实上不是，它是唯一一条与其他直线都不平行的直线。

052.书虫

书虫一共爬过了25厘米，如下页图所示。它吃掉了4整本书以及第1本书的封面和第6本书的封底。

25厘米

053.地图上色

大多数地图都至少需要用4种颜色来上色，但是有些特殊的情况不用这么多的颜色，其中一种就是地图中只有直线的情况。

在这种情况下只需要2种颜色。这是真的吗？

确实如此，证明起来也相当简单。将线一条一条地画在一张纸上，每增加一条直线时，将新增加的直线的一边的地区全部反色，这使得在旧的邻边和新的邻边两边的颜色都不相同。

同样的证明也可以推广使用到邻边为穿过整个纸面的简单曲线或者闭合的圆圈的情况。所有这些可以用2种颜色上色的地图，其交点的邻边数都为偶数，因为在交点或者角落周围的地区必须是不同的颜色。事实上，可以证明，当一张地图上的所有交点处有且仅有偶数个邻边时，它可以用2种颜色上色。这就是两色定理。

054.四色六边形游戏

该图是一盘示范游戏，这盘中只剩下了1个小六边形不能上色了。

该游戏作为题目时的解法之一。

055.图案上色(1)

如图所示，需要 4 种颜色。

056.图案上色(2)

如图所示，需要 4 种颜色。

057.移走木框

当木框按照正确的顺序移走后，得到的单词是 CREATIVITY。

058.正方形里的三角形

如图所示，下面是 20 个三角形所组成的正方形。这个正方形的 4 倍就是由 80 个这样的三角形所组成的正方形。

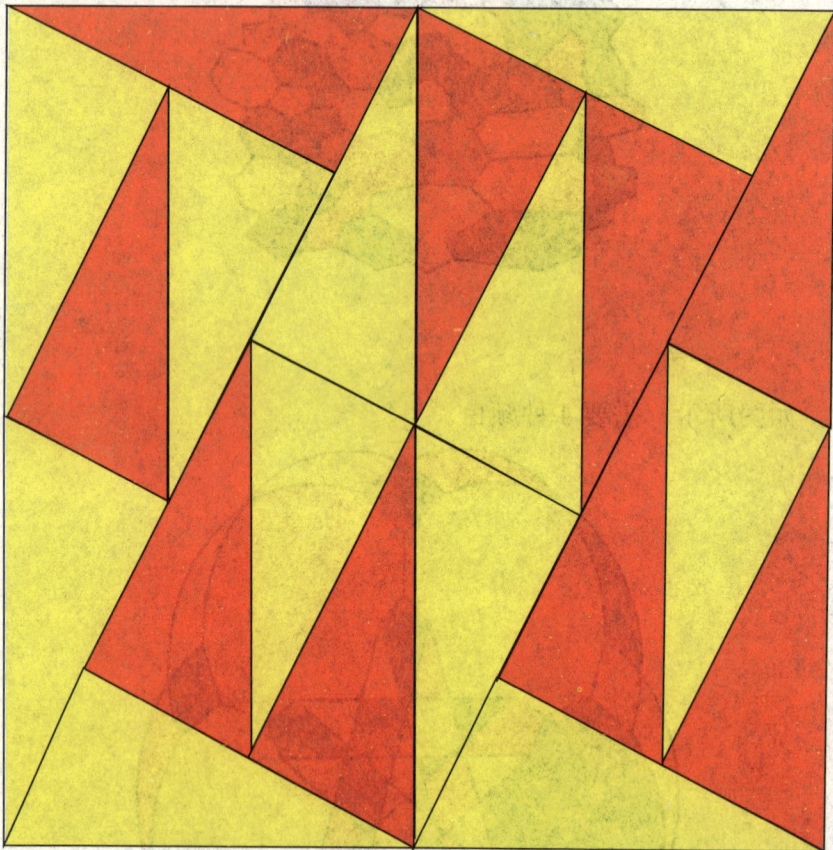

059.纸条构成的五边形

这个表面只有 1 个面和 1 条边。打的这个结使纸条扭曲了 180°，形成了 1 个麦比乌斯圈。

060.2 座塔

如图所示，需要移动17步。

061.迷宫

当你沿着迷宫走时，在路的一侧画线。当你来到一个分岔口时，选择任意一条路。如果你回到前面到过的一个分岔口，转身回到你来时的路。

如果在走一条原来走过的路（你做的标记在路的另一侧）时，来到了一个前面到过的分岔口，尽可能地走你还没有走过的路；否则就走一条原来走过的路。千万不要进入一条两侧都已经有标记的路。

062.立方体迷宫

如图所示。

063.金字塔迷宫

如图所示。

入口

出口

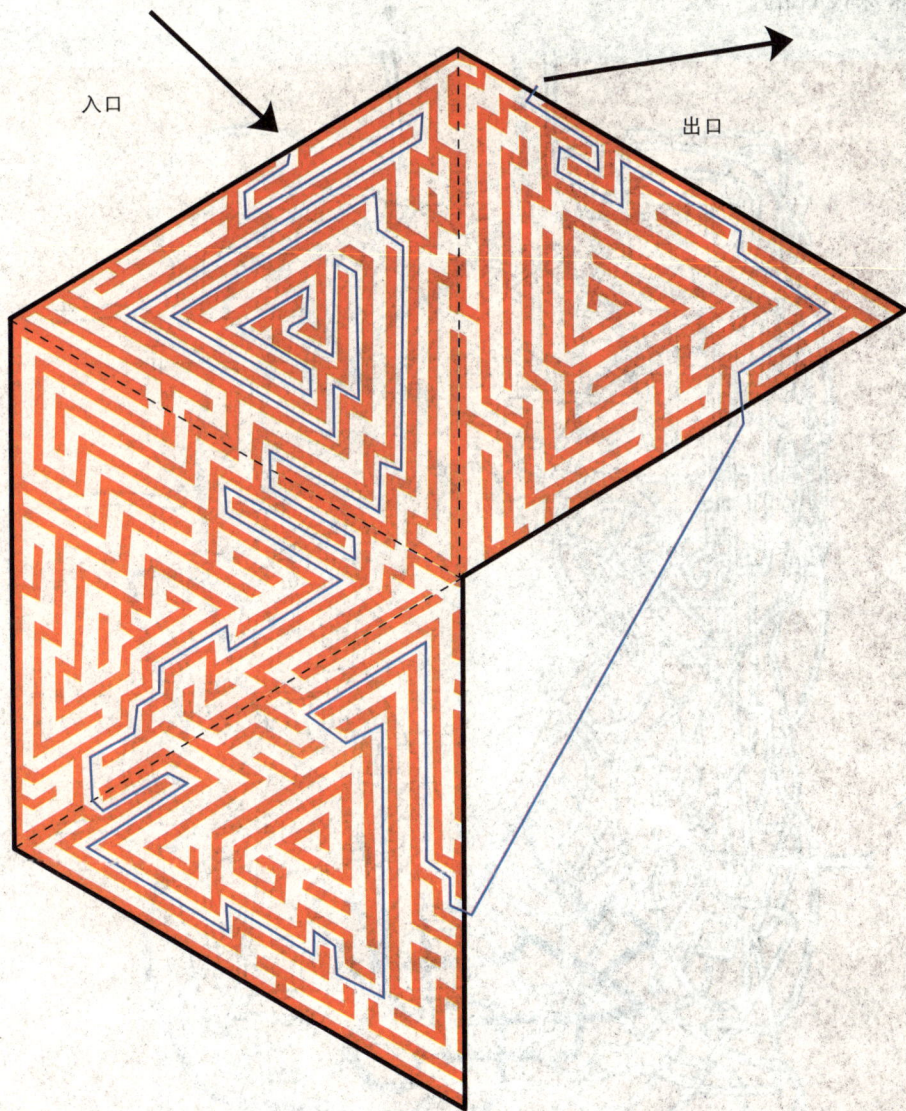

064.卡罗尔的迷宫

这个迷宫是由刘易斯·卡罗尔在他20多岁的时候，给他的弟弟和妹妹设计的。

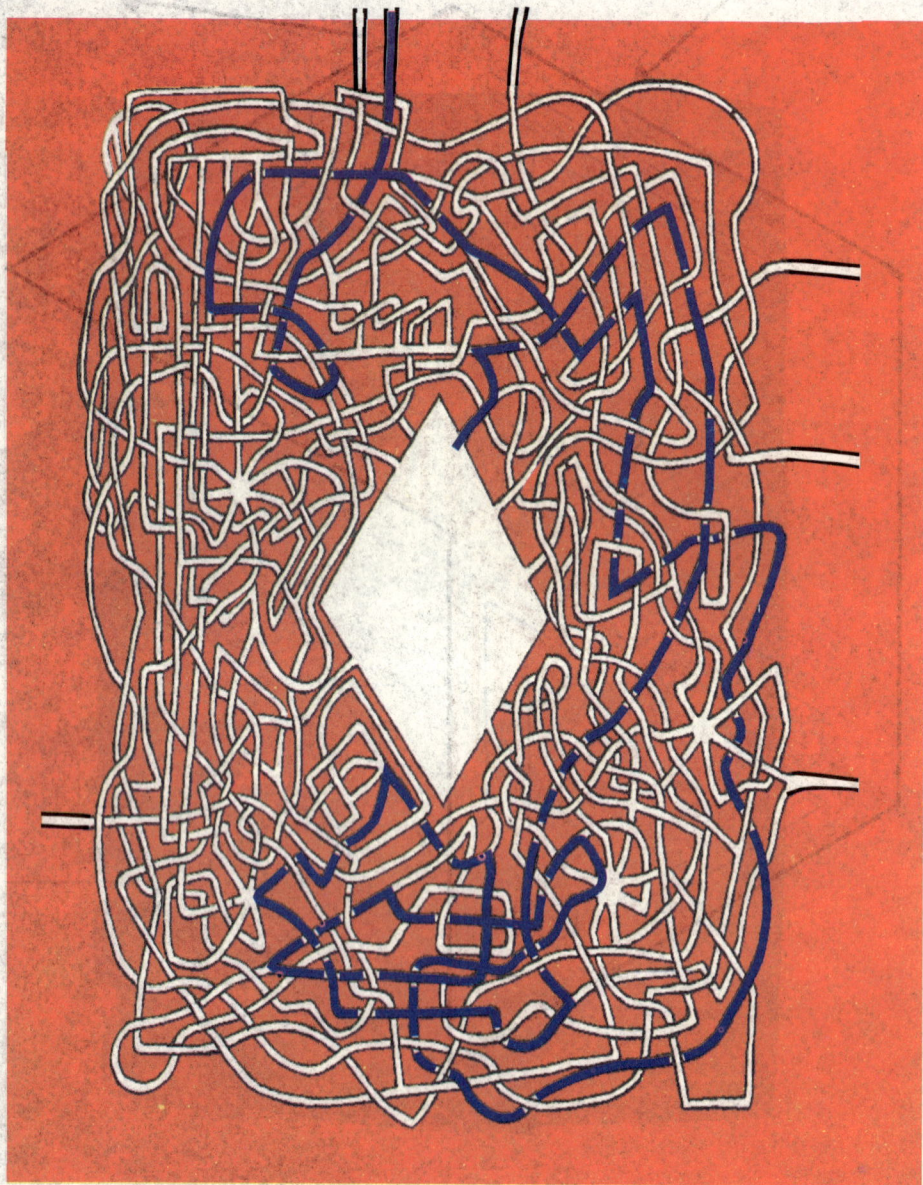

065.蜂巢迷宫

如图所示。

066.缺失的正方形

折叠正方形，然后打开，依此类推。正方形的一面是红色，另一面是黄色。

067.正方形折叠(1)

　　每次将4个角往正方形的中心折,你就能得到一个小一些的正方形,依此类推,直到厚得不能再折为止。

068.正方形折叠(2)

这看上去像是魔术。

将纸滚成一个圆筒，然后沿着这个圆筒用手指按压，每压一次旋转90°。把纸展开，就得到了你要的"蜂巢"。

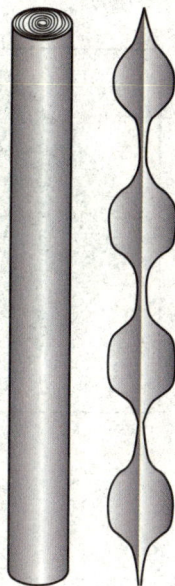

069.正方形折叠(3)

1.将4个角分别往正方形的中心折，折成一个小一些的正方形。

2.然后将每个角向内折，使外边与里面小正方形的边重合，如图所示。如此做8次。

3.将在第2步里折叠的部分展开，你已经得到了一个八边形，但它是不是正八边形呢？

如图所示，这个八边形的4个内角都包含一个直角和两个折叠后的角（分别为22.5°）。因此这4个内角分别等于90°+ 22.5°+ 22.5°= 135°。

其余的4个内角都是三角形的内角，它们与三角形另外2个内角的和分别为180°。因此，它们的度数为180°− 22.5°− 22.5°= 135°。

所有内角都相等，由此可知这个八边形是正八边形。

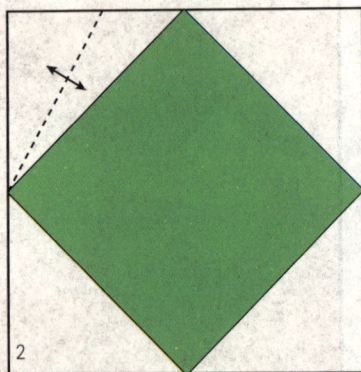

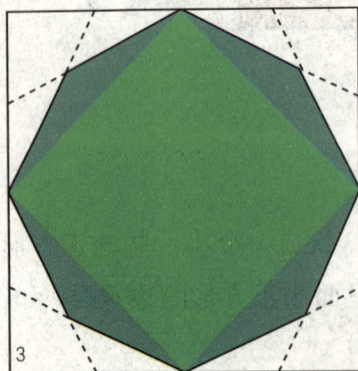

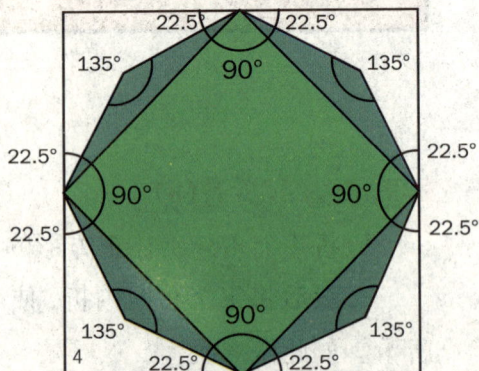

070.滑行方块

如图所示，需要23步。

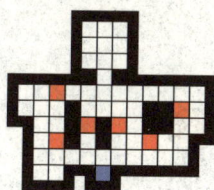
开始时的结构

1

2

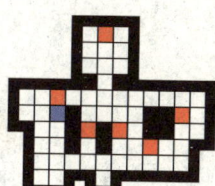
3

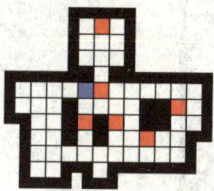
4

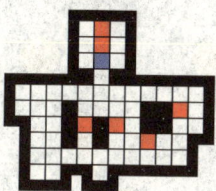
5

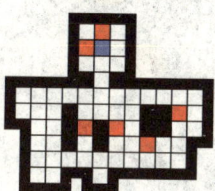
6

7

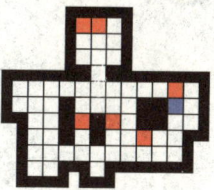
8

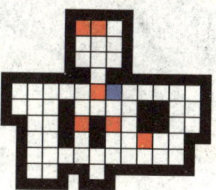
9

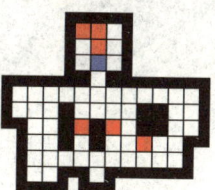
10

11

12

13

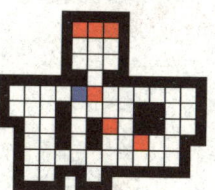
14

15

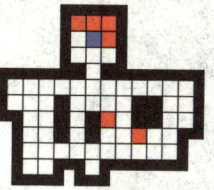
16

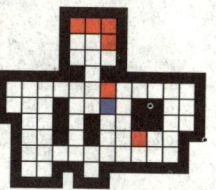
17

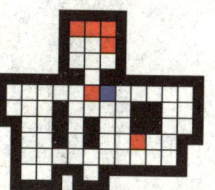
18

19

20

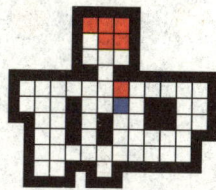
21

22

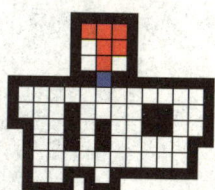
23

071.哈密尔敦路线

解法之一。

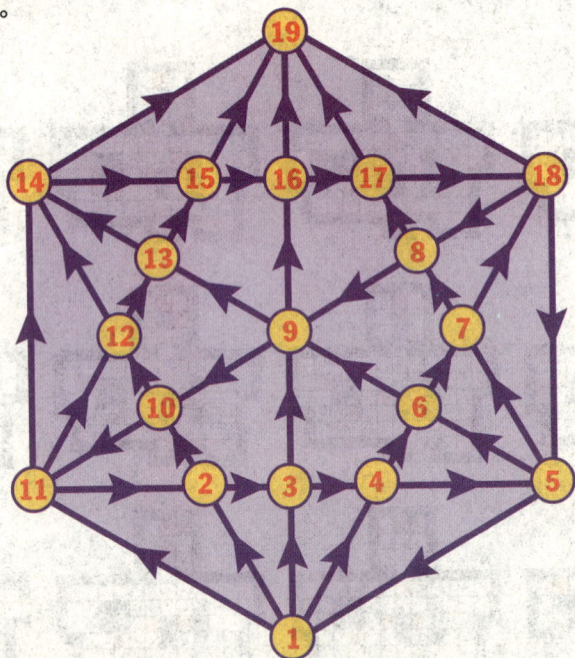

071.哈密尔敦闭合路线

解法之一。

073.折叠3张邮票

6 种全部可以折出，如图所示。

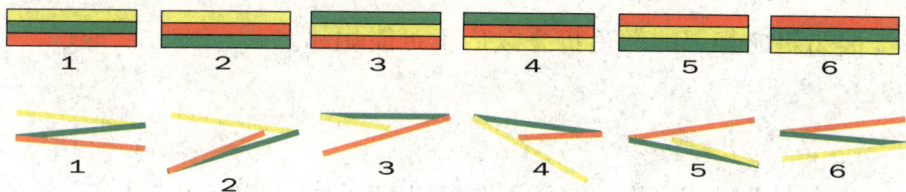

074.折叠4张邮票(1)

可以折出16种。

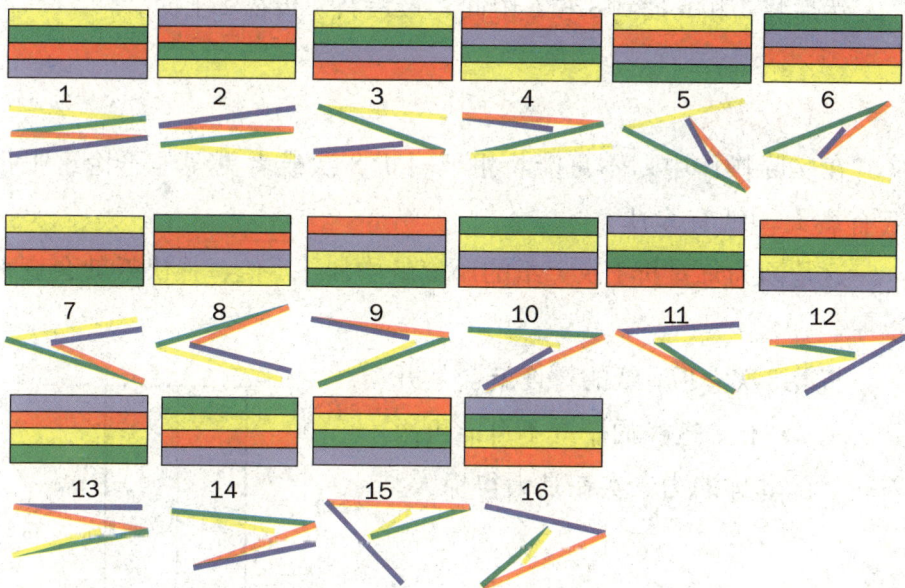

075.折叠4张邮票(2)

可以折出8种。

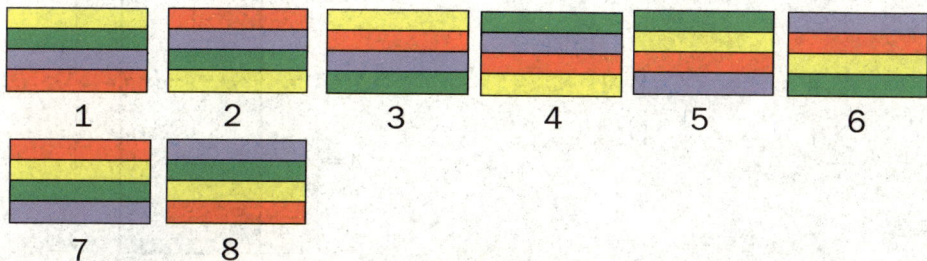

076.折叠6张邮票

第3种折叠方法是不可能的。

因为斜向相邻的颜色折叠以后不可能相邻。

077.折叠8张邮票

首先左右对折，将右边的4张折到下面去。这样5在2上面，6在3上面，4在1上面，7在8上面。

然后再上下对折，这样4和5相对，7和6相对。

然后将4和5插到3和6中间，最后将1折在2上面。

078.折叠报纸

在实际操作中，不可能将报纸对折8次或者更多，不论这张报纸有多大，纸有多薄。

这是因为每对折1次，纸的厚度就增加了1倍，很快纸就会变得很厚。

折叠8次之后，纸的厚度就会是开始时的256倍，这样的厚度不可能再次对折，除非你的力气实在是大得惊人。

079.纸条艺术

如右图所示。

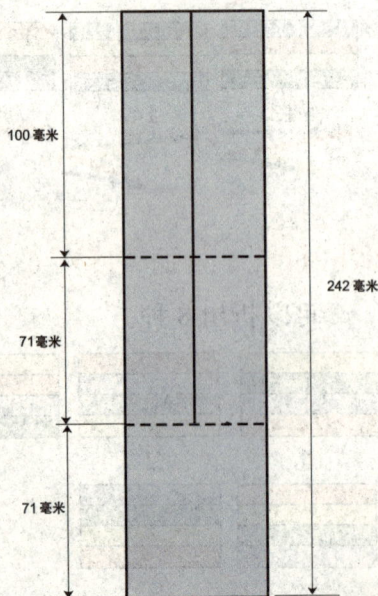

080.折叠正方形(1)

A.4   B.1

C.1   D.3

081.折叠正方形⑵

A.1   B.2

C.3   D.4

084.神奇的折叠

是的。但是为什么呢？

你折叠的线其实是三角形三边的垂线，它们交于一点，这一点称为垂心，它也是三角形外接圆的圆心。

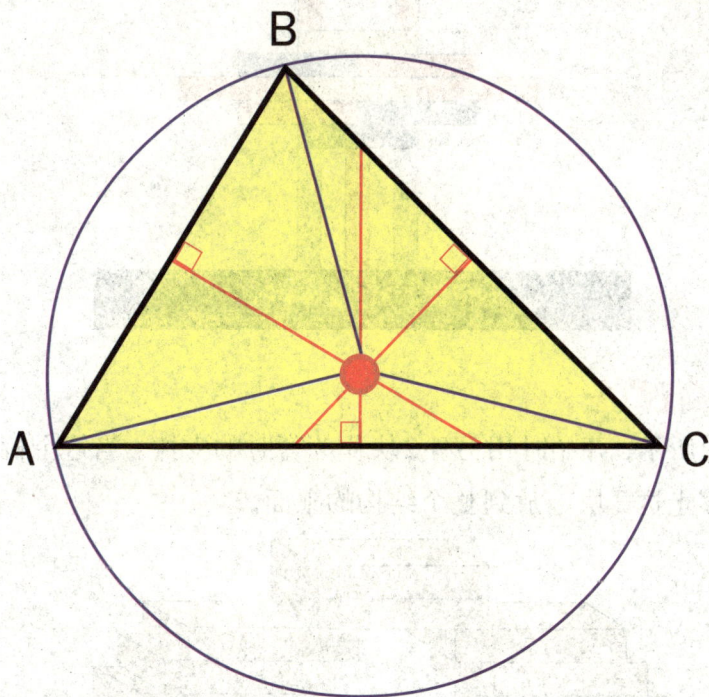

085.伏尔泰的信息

将纸与视线平行拿着，你会读出这条信息：

"ILLUSION IS THE FIRST OF ALL PLEASURES."

086.不可能的多米诺塔

秘密就是开始时用3块多米诺骨牌作为整个结构的支撑，到整个结构都搭完以后，再轻轻地把多余的2块撤去，如图所示。

087.不可能的多米诺桥

如图所示，开始时用另外2块作为暂时的支撑。当这个桥接近完成时，移走这2块，放到整个结构的上面。

088.不可能的任务

不管你把旗杆插到哪里，总是有比那一点更高的地方。

这个塔是根据莱昂内尔·沙普尔斯·彭罗斯和罗杰·彭罗斯于1958年引入的"不可能的楼梯"改编的。

089.不可能的结构

如图所示。将这种方法重复6次，就完成了这个看似不可能的结构。

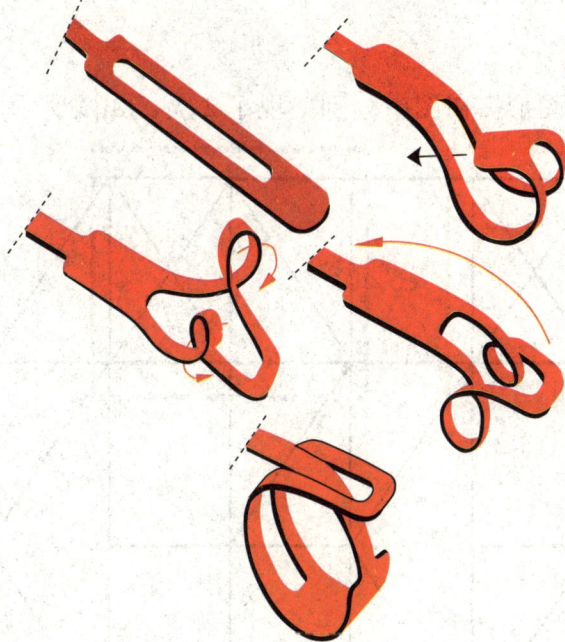

090.巴都万螺旋三角形

巴都万数列的前22项：

1，1，1，2，2，3，4，5，7，9，12，16，21，28，37，49，65，86，114，151，200，265…

巴都万数列的一般规律是：巴都万数列中的每一个数都等于它前边第2位和第3位数之和。

斐波纳契数列的前21项：

1，1，2，3，5，8，13，21，34，55，89，144，233，377，610，

987，1597，2584，4171，6755，10925 …

除1和2以外，两个数列里都出现的数只有3、5、21。

巴都万数列后一个数与前一个数之比趋向于一个常量，它约等于1.324718。

在未来的研究中，可能也会发现巴都万数列在自然中的存在。源自于数学题目的斐波纳契数列，到目前为止已经发现了它在自然界许多地方存在。

091.隐藏的图形

图形1和图形2在图中分别出现了2次，如图所示。

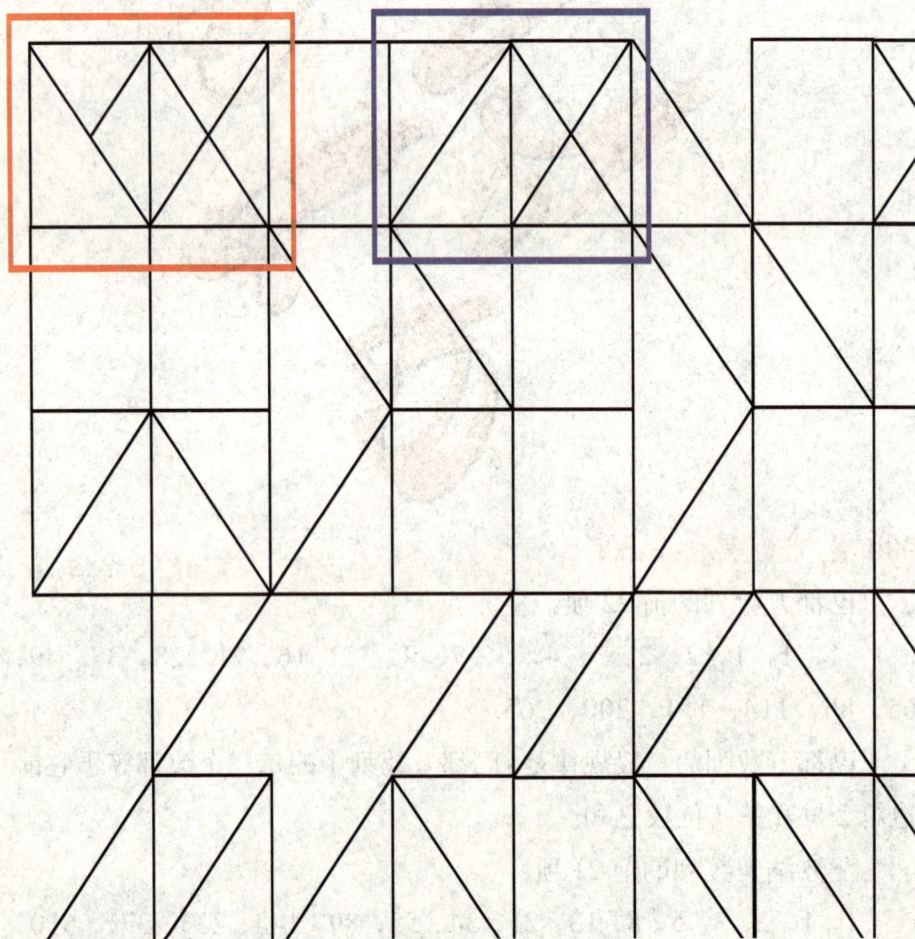

092.对称轴

　　如图所示,有2个图案的对称
轴不是8条。

093.排列组合(1)

对于 n=4，有 15 种
排序方法。

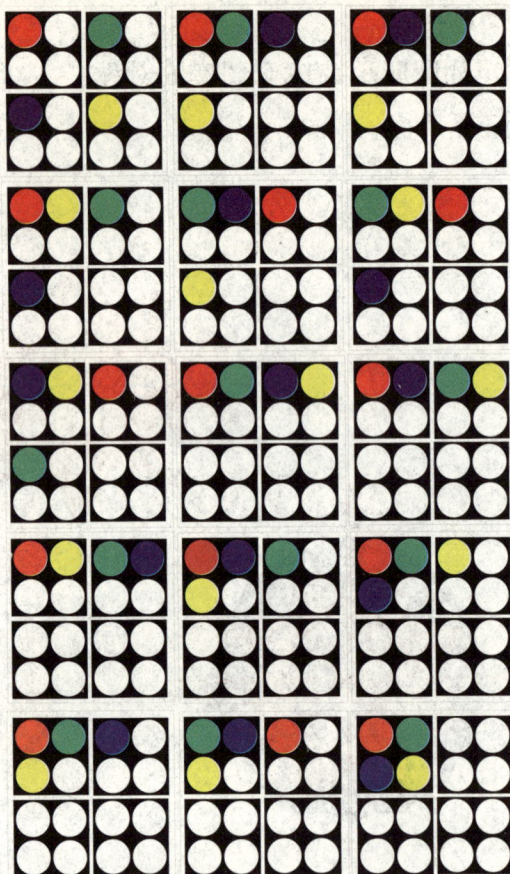

094.排列组合(2)

有 5 种分配方法将 3 个不同的物体放在 3 个没有标记的碟子上。

095.组合正方形

2．B D E

096.棋子

097.缺少的图形

C

从左上角开始并按照顺时针方向、以螺旋形向中心移动。7个不同的符号每次按照相同的顺序重复。

098.第3支铅笔

第7支铅笔。

099.图形接力

F

在每个图形中，蓝色的圆组合在一起，形成直边的多边形。从左向右，再从上面一行到下面一行，每个多边形的边数从3条到8条，分别增加1条。

100.想象正方形

C